COLLECTION MOTS INTIMES

LETTRES D'
AMOUR

Présentées par

Agnès Pierron

 des lettres  le Robert

© 2015, Éditions LE ROBERT, 25 avenue Pierre de Coubertin, 75013 PARIS
ISBN : 978-2-32-100699-2

Préface

Suivons Victor Hugo quand il écrit à Juliette Drouet : « Il faut s'aimer, et puis il faut se le dire, et puis il faut se l'écrire. » (7 mars 1833). Quand on aime on trouve – ou pas – les mots pour le dire.

Les mots ont un pouvoir. En même temps, ils se montrent insuffisants : « je ne dis rien de ce que je veux dire. C'est que mes phrases se heurtent comme des soupirs ; pour les comprendre il faut combler ce qui sépare l'une de l'autre ; tu le feras, n'est-ce pas ? » (Flaubert à Louise Colet, 4 août 1846).

La lettre d'amour est narcissique : il s'agit de s'afficher, de pousser son avantage ; de montrer qu'on a du style, de la culture, de l'imagination. Les paresseux ou les amateurs de curiosités ont eu à leur disposition au cours des siècles des manuels du savoir écrire. Quelques titres : *Les Fleurs du bien dire* (1598), *La Petite Poste des amoureux* (1875). Les clichés qu'ils véhiculent sont d'un autre temps.

La lettre « à l'ancienne » a une graphie qui fait partie de la séduction. Dans *Les Affinités électives* (1809) de Goethe, les protagonistes ne tombent-ils pas amoureux d'une écriture ?

Tous ces facteurs s'amenuisent avec Internet. Aujourd'hui il s'agit plutôt de montrer qu'on est à la pointe de la technologie. Et avec les SMS, nous allons vers l'extrême de l'abréviation. Le flirt épistolaire se multiplie, le face à face est esquivé. Aux « langueurs de papier » a succédé le marivaudage électronique.

Mais de nouveaux modes de vie apparaissent. Et, avec eux, une sensibilisation à la lettre d'amour, qui aura, de nouveau, sa raison d'être.

Agnès Pierron

Michel-Ange
à
Tommaso Cavalieri

Michel-Ange (1475-1564), le fameux peintre de la Chapelle Sixtine au Vatican, rencontre à 57 ans un jeune éphèbe surprenant de beauté : Tommaso Cavalieri (1509-1587). Nous sommes fin 1532.

Quand, pour le jour de l'An 1533, Michel-Ange présente ses vœux à ce tout jeune homme qui dessinait et s'essayait à la sculpture, tout en étant tenté par l'architecture, il ne se fait pas seulement laudatif, mais obséquieux : « Il faut s'émerveiller que Rome produise des hommes divins comme il faut le faire aux miracles de Dieu. » Cavalieri est romain.

Michel-Ange

« L'objet aimé nourrit et le corps et l'âme. »

Et le vénérable sculpteur de qualifier celui qu'il aime de « précieux génie » et de « lumière de notre siècle ». Cavalieri répondra, se faisant modeste et affectueux : « Je vous jure que je vous rends bien votre affection et vous promets que je n'ai jamais désiré une amitié plus que la vôtre. » Cela se révéla vrai : à l'adoration que lui voua Michel-Ange, Cavalieri répondra par une vénération sans faille. En juillet 1533, Michel-Ange est à Florence pour travailler à la chapelle funéraire des Médicis demeurée inachevée[1]. Grâce à cet éloignement forcé, quelques lettres de l'artiste qui sculpta le *Moïse* de Saint-Pierre nous sont parvenues, nous permettant de le voir sous un jour inattendu : celui de l'amoureux transi.

Quand il meurt en 1564, à 89 ans, Tommaso est là pour l'assister. Et, puisqu'il était en possession de ses dessins, de mettre en œuvre ses compétences d'architecte : terminer le Capitole de Rome.

1. Florence est alors opprimée par le duc Alexandre de Médicis, duquel ce vieux républicain de Michel-Ange a tout à craindre.

Mon cher Seigneur, si je n'avais pas cru avoir donné l'assurance à Rome du très grand, mieux, de l'immense amour que je vous porte, je n'aurais point trouvé étrange et n'aurais pas été étonné, de découvrir la forte crainte que je vous oublie dont vous témoignez dans votre lettre, parce que je ne vous ai pas écrit. Mais ce n'est pas chose insolite, ni digne d'étonnement que, puisque tant d'autres choses vont à l'envers, celle-ci aille elle aussi de travers. En effet, ce que Votre Seigneurie me dit à moi, je devrais le dire à elle ; mais peut-être agit-elle ainsi pour me mettre à l'épreuve ou pour ranimer un feu nouveau et plus ardent, si tant est que celui puisse être. Quoi qu'il en soit, je sais bien que je ne peux à présent oublier votre nom, pas plus que je ne le ferais pour la nourriture qui me fait vivre. Bien mieux : je pourrais plus aisément oublier la nourriture qui me fait vivre et qui sustente misérablement mon corps, plutôt que votre nom, lequel nourrit et mon corps et mon âme, emplissant l'un et l'autre d'une telle douceur que je ne puis éprouver aussi longtemps que je garderai votre souvenir, ni angoisse, ni crainte de la mort. Pensez donc, si mes yeux y avaient eux aussi leur part, dans quel état je me trouverais.

[Au dos du feuillet :]

Et si vous en étiez et en êtes assuré, vous aurez dû et devriez songer que qui aime a une très bonne mémoire, et peut tout autant oublier l'objet ardemment aimé, qu'un homme affamé la nourriture qui le fait vivre. Mieux : l'on peut bien moins oublier l'objet aimé que la nourriture dont on vit, car le premier nourrit et le corps et l'âme, l'un avec une très grande sobriété, l'autre avec une heureuse sérénité dans l'attente du salut éternel. […] ■

Denis Diderot

à

Sophie Volland

La rencontre de Denis Diderot (1713-1784) et de Louise-Henriette Volland (1716-1784), dite Sophie Volland, semble avoir eu lieu en 1755. Diderot est marié à Anne-Antoinette Champion, dont il a eu trois enfants ; seule une fille a vécu. Il est attelé à l'énorme tâche de l'*Encyclopédie* depuis 1747 et il est en train d'écrire un drame bourgeois – *Le Fils naturel*. Veuve, Henriette Volland vit avec sa mère, Mme Le Gendre, et avec sa sœur cadette.

Autant dire que les amoureux sont surveillés de près. C'est, la plupart du temps, André, le portier de Grimm – avec qui Diderot travaillait alors à la *Correspondance littéraire* – qui leur sert de boîte aux lettres. Diderot évoque une « liaison douce », parle de « dire des choses douces » ; tous deux parlent de tout « à bâtons rompus » : philosophie, religion, beaux-arts, théâtre ; l'auteur des *Bijoux indiscrets* n'hésitant pas à faire part de ses indispositions en précisant « n'avoir pas la clé de son derrière ». Ont-ils été amants ? Tourner autour du pot est au centre de cette lettre. Et ce n'est pas un hasard si Diderot propose, pour la première fois, ce néologisme : « marivauder ».

Par où commencerai-je ? Ma foi, je n'en sais rien. Pourquoi pas par nos soirées, puisque ce sont pour elle et pour moi, des heures délicieuses, l'attente de toute notre journée et la consolation de son ennui ? Pourquoi n'êtes-vous pas de ces entretiens-là ? Vous auriez entendu tout ce qui s'y dit, et vous sauriez tout ce qu'il m'est impossible de vous rendre…

Non, je ne crois pas qu'il y ait sous le ciel une plus honnête et plus innocente créature que cette petite sœur. À l'âge qu'elle a, avec sa pénétration, son esprit, femme et mère, pour peu qu'il y ait de malhonnêteté dans un usage, dans les conventions, dans les mœurs, elle n'y entend rien, elle est à quinze ans, cela lui est étranger, et les choses courantes sont des énigmes qu'on lui explique et au sens desquelles elle a toute la peine du monde à croire.

Je lui disais que quand un homme avait dit à une femme mariée : Je vous aime, et qu'elle avait répondu : Et moi je vous aime aussi, tout était arrangé entre eux, et qu'il ne leur manquait plus que l'occasion ; que, s'il arrivait qu'on trouvât le lendemain cette femme triste, froide, indifférente, soucieuse, on lui supposait des réflexions, des craintes, qui l'arrêtaient et qui la faisaient revenir contre un engagement formel ; qu'il en était ainsi d'une fille à un homme marié ; d'un homme, quel qu'il fût, à une religieuse ; et qu'il n'y avait pas une femme mariée sous le ciel dans la bouche de laquelle Je vous aime n'eût précisément la même valeur que dans la bouche de son amant ; que ces expressions n'avaient pas tout à fait la même force d'une jeune fille à un jeune garçon, parce qu'elles ne décelaient point un sentiment défendu, qu'il y avait un moyen licite de les livrer à leurs désirs mutuels, que la volonté de leurs parents, et cent autres considérations sous-entendues faisaient une restriction tacite à leurs aveux, au lieu que ceux qui étaient liés par quelques vœux solennels qui les séparaient, étaient censés avoir pris parti sur cet obstacle, lorsqu'ils s'expliquaient une fois.

Elle tombe des nues, quand je lui parle ainsi ; et quand elle dit à un homme : Je vous aime, savez-vous ce que cela signifie ? Je n'accepte de vous que les qualités qui manquent à mon mari, et mon mari n'est pas impuissant. Et puis quand elle a trouvé cela, elle est enchantée ; elle croit de la meilleure foi du monde avoir découvert le secret de son cœur. Il est vrai que je n'ai pas la complaisance de lui laisser longtemps cette illusion.

Mais si cela est, lui dis-je, quel besoin avez-vous d'un amant ? Moi qui suis votre ami, votre sœur qui vous aime si tendrement ne vous offrons-nous pas ensemble ou séparés les qualités qui manquent en votre époux ?

Et puis peu à peu je l'amène à reconnaître qu'elle désire vraiment quelque chose de plus que ce qu'elle avoue ; qu'il y a des caresses que nous ne lui proposerons jamais l'un et l'autre et qui lui seraient douces, et elle en convient ; que s'il y avait sous le ciel un homme en qui elle eût assez de confiance pour espérer qu'il se renfermerait dans de certaines bornes, elle aimerait à s'asseoir sur ses genoux, à sentir ses bras la serrer tendrement, à lire la passion la plus vive dans ses regards, à approcher son front, ses yeux, ses joues, sa bouche même de sa bouche ; et elle en convient ; qu'après quelques essais de tout ce qu'elle peut attendre de la retenue d'un pareil amant, peut-être elle oserait un jour se livrer à toute l'ivresse de son âme et de ses sens ; et elle en convient encore ; mais ce que je lui prédis et ce dont elle ne convient ni ne disconvient tout à fait, c'est qu'elle sentirait tôt ou tard qu'elle pourrait être plus heureuse ; que cette jouissance, toute voluptueuse qu'elle l'aurait éprouvée, lui paraîtrait incomplète ; que cette retenue qu'elle aurait si solennellement exigée, et qu'on aurait si scrupuleusement gardée avec elle et dans des instants si difficiles, finirait par la blesser ; que plus elle serait honnête, plus elle saurait mauvais gré à son amant de la laisser impitoyablement lutter entre sa passion et sa vertu ; qu'elle le bouderait le lendemain sans trop savoir pourquoi ; mais que, si elle voulait un peu regarder au fond de son cœur, elle verrait que, tout en louant son amant de la fidélité scrupuleuse avec laquelle il s'est souvenu de sa promesse, elle lui savait le plus mauvais gré de n'y avoir pas manqué, lorsque n'étant plus maîtresse d'elle-même, sa faiblesse involontaire, toute la trahison de ses sens l'aurait suffisamment excusée à ses propres yeux ; et puis l'amour-propre s'accommode-t-il de tant de mémoire ? pardonne-t-on à un homme de se posséder si bien, lorsqu'on s'est tout à fait oubliée ? Est-on assez aimée ? est-on assez belle à ses yeux ? Je jure que je ne connais point les femmes ou qu'il n'y en a aucune qui ne rompît un beau jour avec un amant si discret ; et cela sous prétexte que les plaisirs auxquels on s'est livré, après tout ne sont pourtant pas innocents ; on aurait des remords de continuer de s'exposer au péril, sans aucune espérance d'y rester. On se dégoûterait d'un homme qui ne se placera jamais, de lui-même, comme on le veut et comme on n'ose se l'avouer ; et l'on aurait incessamment trouvé cent mauvaises raisons honnêtes pour se colorer à soi-même la plus déshonnête de toutes les ruptures. On aurait bien mieux aimé avoir le lendemain à se désoler, à verser des larmes, à l'accabler, à s'accabler soi-même de reproches, à entendre ses excuses, à les approuver et à se précipiter derechef entre ses bras ; car après la première faute, on sait secrètement que le reste ira comme cela ; et l'on se dépite d'attendre toujours que cette faute qui doit nous soulager d'une lutte pénible et nous assurer une suite de plaisirs entiers et ininterrompus, soit commise et ne se commette pas…

Eh bien, chère amie, ne trouvez-vous pas que depuis la fée Taupe de Crébillon, jusqu'à ce jour, personne n'a mieux su marivauder que moi ?… ■

« Pourquoi n'êtes-vous pas de ces entretiens-là ? Vous auriez entendu tout ce qui s'y dit, et vous sauriez tout ce qu'il m'est impossible de vous rendre. »

Madame du Châtelet
à
Saint-Lambert

Comme la plupart des femmes mariées de l'aristocratie,
la marquise du Châtelet (1706-1749) ne vit pas avec
son époux, pris par sa carrière militaire, qui la laisse
vivre librement. Ce qui la distingue : ses capacités
de mathématicienne ; son étude de Newton, ce qui
lui vaut le surnom, de la part de Voltaire avec lequel
elle entretient une amitié amoureuse, de « Newton
pompon », un Newton en jupon... Comme elle est aussi
astronome, elle est « la docte Uranie ».
Quand Voltaire et elle ne sont pas à Cirey-sur-Blaise,
dans la propriété des du Châtelet, tous deux sont

« Je ne connais
qu'un bonheur,
c'est de passer
tous les moments
de ma vie
avec vous. »

Madame du Châtelet

à Lunéville invités à la cour de Stanislas Leczinski. Madame de Bouffers est, alors, sa maîtresse en titre. Mais comme elle semble délaisser son amant, Saint-Lambert (1716-1803) – le beau capitaine du régiment des gardes lorraines, par ailleurs « grand trousseur de madrigaux » –, celui-ci, pour la rendre jalouse, entame une liaison avec Émilie du Châtelet. Pour jeu et par libertinage. Mais la « Divine Émilie » se prend au jeu... pour son malheur. Non seulement il est beaucoup plus jeune qu'elle, mais elle n'est sûrement pas très satisfaite de son amant Voltaire peu porté sur la bagatelle dit-on...

À quarante-trois ans, Émilie tombe enceinte. Par une comédie orchestrée par Voltaire, Saint-Lambert et elle-même, c'est le mari qui va porter le chapeau. Comme on disait à l'époque : « le pavillon couvre la marchandise ».

Madame du Châtelet, considérée aujourd'hui comme un modèle de femme indépendante, se montre dans sa correspondance, assujettie aux allers et venues du beau capitaine, guettant sa présence au château, se plaignant de sa froideur, le harcelant de ses reproches. Tout cela va très mal finir ; à peine remise de ses couches, elle se lève pour assister au feu d'artifice que Stanislas fait tirer en son honneur. Elle en mourra. Voltaire le considérant comme responsable, ne remettra plus les pieds au château de Lunéville. Madame du Châtelet y repose sous une dalle de l'église Saint-Jacques.

[Paris]
Dimanche [8 juin 1749]

Non, la plus aimable créature qui respire, non, ne le croyez pas, que Mme de B ni personne au monde puisse *me retarder d'une minute*. Je vous assure que je vous sacrifie ma santé. Mais que tout ce que je refuse, tout ce que je ne fais pas, ne sont pas des sacrifices. Il faut en vérité que je sois de fer, mais l'amour me donne bien du courage. Je vous adore, et je suis dévorée de l'impatience la plus vive. Je me flatte toujours de partir. M. Clairaut n'était point de moitié dans mon projet du 16, et il est démontré impossible. Mais je me flatte qu'il sera peu retardé. Il est important que je finisse mon livre, mais voilà la dernière fois de ma vie que j'aurai quelque chose à faire qui ne sera pas vous. J'ai déjà dit à Mme de B que je ne comptais pas revenir ici, que par des circonstances imprévues ; mais des voyages tous les ans de pure société, je croyais que je le pourrais ; j'en suis bien éloignée, et je voudrais passer plusieurs années de suite avec vous en Lorraine. Je ne m'embarrasserais guère d'être oubliée, je vous le jure. Je vous le répète, je ne connais qu'un bonheur, c'est de passer tous les moments de ma vie avec vous. Quand vous m'aimez, ou du moins quand vous me le montrez, vous enflammez mon cœur et je ne vois plus que vous dans la nature. Votre cœur charmant, tel que vous me le montrez dans vos deux lettres que je viens de recevoir à la fois, est pour moi la pierre précieuse de l'Évangile. Je veux tout sacrifier pour en jouir, pour le conserver. Je m'arrange pour ne pas revenir ici que vous ne m'en pressiez pour y venir avec moi. Car si vous ne vous dégoûtez pas de moi par la continuité de la jouissance et par l'inaltérabilité de mes sentiments, vous n'auriez pas sur moi le crédit de me faire vous quitter un moment. Savez-vous que quand vous m'aimez comme vous m'aimez par cette poste, quand vous faites goûter à mon cœur le seul bonheur digne d'être désiré, j'en suis quelquefois affligée ?...

Je dois accoucher dans trois mois, et j'aurais trop de regret à la vie, mais en vérité, je ne me croyais pas assez de courage pour résister à mon impatience. Si je n'avais pas, pour prix de ce que je fais aujourd'hui, la certitude de ne pas revenir à Paris, que quand vous y viendrez, je ne le pourrais prendre sur moi. Je ne fais ici que des X X, et malgré le retard de mon départ, il me restera encore bien des choses à faire là-bas. J'espère cependant, dans trois ou quatre jours, pouvoir vous mander au juste où cela ira.

Mme B n'entre pour rien dans mes arrangements. Je ne savais ce que je disais, si je vous ai mandé le contraire. Je ne m'en retournerai point avec elle, quoi qu'il arrive. Mais ne me parlez plus du comte ! Elle me respecte plus que vous, elle n'a pas osé m'en parler. Comment ! vous seriez venu à cheval ! Je ne puis m'empêcher d'être bien aise que ce cheval nommé B vous en ait empêché, car vous n'auriez jamais soutenu cette fatigue, surtout par la chaleur qu'il faisait. Mais croyez que *rien n'est perdu* pour la sensibilité de mon cœur. Mon cher amant, bonheur de ma vie, croyez que vous avez *bien fait* des choses pour moi, que je n'oublierai jamais. Mais que pouvez-vous faire qui ne soit au-dessous de votre amour, qui est à mes yeux d'un prix auquel toutes sortes de sacrifices cèdent ?

Mon Dieu ! que Mme de B a été différente avec moi et avec vous ! Elle m'a dit de vous des choses qui ont pénétré et enchanté mon cœur, elle m'en était plus chère. Elle est bien loin d'oser me presser pour le comte qui, je vous jure, est à présent à mille lieues de penser à moi. Elle respecte mon cœur et mon amour pour vous, dont je ne lui ai pas caché toute la violence. Elle retournera sûrement ce mois-ci en Lorraine, et elle le passera à Versailles, à Marly et à Vauréal, et moi je ne sortirai de ma chambre que pour monter en carrosse. Elle est raccommodée d'hier avec le vicomte, mais ils ne s'aiment guère, et je vous jure que Mlle Dandreselle est venue bien mal à propos. Je crois que vous faites trop d'honneur à Y L, mais je veux croire que c'est que vous êtes comme les gens qui ont la jaunisse. Joignez donc à tout ce que votre cœur adorable sent et exprime de m'écrire régulièrement et longuement. Les lettres du 19 et du 24 ont été perdues, puisque vous les avez écrites.

Adieu, je vous adore. Je vous quitte pour travailler, et je ne vous quitterai plus jamais, même comme cela. Si je voulais vous exprimer combien je vous aime, il faudrait que je fisse des expressions qui pussent vous rendre les emportements de mon cœur, car elles ne sont pas encore trouvées. ∎

Télescope de Newton

Mozart
à Constance

Quelques jours après la première de *L'Enlèvement
au Sérail* (16 juillet 1782), le 4 août, Wolfgang Amadeus
Mozart (1756-1791) se marie avec Constance Weber.
« *Konstanze, mein Glück!* » (« Constance, ma chance »).
À son père qui souhaite que son fils – à la réputation de
cœur d'artichaut – se stabilise, Mozart avait justifié ainsi
ses projets de mariage avec une jeune personne de
dix-huit ans : « Moi qui, depuis ma jeunesse, n'ai jamais
été habitué à faire attention à mes affaires, à tout ce
qui touche le blanchissage, l'habillement [...] rien de
plus nécessaire ne peut me venir à la pensée qu'une
femme. » Une complicité s'est vite établie entre
les jeunes mariés : il est Wolfi ; elle est « Stanzi ».
Et pour sceller cette complicité de manière plus
sensuelle, Mozart s'exprime en verlan. Il est
« Trazom » ; elle est « Znatsnoc ».

« *Je t'embrasse
et t'étreins
1 095 060 437 082
fois.* »

Chère petite épouse, j'ai une foule de prières à t'adresser : –

1ᵐᵒ je te prie de ne pas être triste ;

2ᵈᵒ de *faire attention à ta santé* et de *ne pas te fier* à l'air du printemps.

3ᵗⁱᵒ de ne pas *sortir à pied* toute seule – et encore mieux – de ne pas sortir à pied du tout.

4ᵗᵒ d'être totalement assurée de mon amour ; – je ne t'ai pas encore écrit la moindre lettre sans avoir posé devant moi ton cher *portrait*.

5ᵗᵒ je te demande de faire attention non seulement à *ton* et à *mon honneur* dans ta conduite, mais également aux *apparences*. – Ne sois pas fâchée de cette demande. – Tu dois justement m'aimer encore plus du fait de mon attachement à l'honneur.

6ᵗᵒ et ultimo je te prie de donner plus de détails dans tes lettres. – J'aimerais savoir si mon beau-frère Hofer est venu le lendemain de mon départ ⸮ S'il vient souvent, comme il l'a promis ⸮ – Si les Lange te rendent parfois visite ⸮ – Si le *portrait* avance ⸮ – Comment tu vis ⸮ – tant de choses qui m'intéressent naturellement. –

Maintenant, porte-toi bien, très chère, excellente, – pense que chaque nuit, avant d'aller au lit, je parle une bonne demi-heure à ton portrait, et fais de même au réveil. –

Après-demain, 18, nous partons. – *Dorénavant, écris toujours à Berlin*, poste restante.

Oh Stru ! Stri ! – je t'embrasse et t'étreins 1 095 060 437 082 fois (tu peux ici t'exercer à prononcer) et suis à jamais

ton mari très fidèle et ami

W. A. Mozart

La fin du récit du séjour à Dresde suivra prochainement. – Bonne nuit ! ∎

Marie-Antoinette
à
Axel de Fersen

Mariée depuis 1770 au futur roi de France, Marie-Antoinette (1755-1793) s'ennuie à Versailles. Elle multiplie fêtes et toilettes somptueuses. C'est le jour du bal de l'Opéra, le 30 janvier 1774, qu'elle rencontre Hans-Axel de Fersen (1755-1810), du même âge qu'elle. Ce Suédois séduisant est de passage à la cour de France pour se cultiver et parfaire son éducation. L'entourage de la future reine s'émeut de cette attraction réciproque et s'arrange pour empêcher toute relation plus tendre.

Mais Fersen revient à la cour en août 1778 ; il est de toutes les réceptions. Pourtant, il choisit de s'éloigner et part combattre en Amérique. Quand il revient en 1788, c'est pour ne plus repartir. Les historiens se sont interrogés. Amants, mais jusqu'où ? En seraient-ils restés aux « miettes de la porte », aux préliminaires ? Un historien contemporain les classe parmi les « amants restreints ».

Toujours est-il que Fersen restera fidèle à la reine jusqu'à participer à la fuite à Varennes, dans la nuit du 20 juin 1791, déguisé en cocher.

Il ne l'abandonnera jamais.

J'existe mon bien-aimé et c'est pour vous adorer. Que j'ai été bien inquiète de vous, et que je vous plains de tout ce que vous souffrez de n'avoir point de nos nouvelles. Le ciel permettra que celle-ci vous arrive. Ne m'écrivez pas, ce serait nous exposer, et surtout ne revenez pas ici sous aucun prétexte. On sait que c'est vous qui nous avez fait sortir d'ici ; tout serait perdu si vous paraissiez. Nous sommes gardés à vue jour et nuit ; cela m'est égal. Vous n'êtes pas ici. Soyez tranquille, il ne m'arrivera rien. L'Assemblée veut nous traiter avec douceur. Adieu le plus aimé des hommes. Calmez-vous si vous pouvez. Ménagez-vous pour moi. Je ne pourrais plus vous écrire mais rien au monde ne pourra m'empêcher de vous adorer jusqu'à la mort. ∎

Marie-Antoinette

Bonaparte à Joséphine

Quand Bonaparte (1769-1821) écrit cette lettre, il est
un jeune marié de l'année. Le 9 mars 1796, il a épousé
Joséphine de Beauharnais (1763-1814), une superbe veuve
créole.

Il est émerveillé par cette femme experte. Pourtant,
avant l'officialisation de cet amour, il avait déjà constaté
la différence d'investissement affectif de l'un et
de l'autre. Dans une lettre du 28 octobre 1795, il passe
du « tu » au « vous », de l'empathie à la réserve :
« Ton portrait et le souvenir de l'enivrante soirée d'hier,
n'ont point laissé de repos à mes sens. » Et quelques
lignes plus loin : « Ah ! c'est cette nuit que je me suis
aperçu que votre portrait n'est pas vous ! »
Dans la lettre qui suit, on retrouve cette dualité
entre l'enthousiasme et la méfiance.

Napoléon et Joséphine

Je n'ai pas passé un jour sans t'aimer ; je n'ai pas passé une nuit sans te serrer dans mes bras ; je n'ai pas pris une tasse de thé sans maudire la gloire et l'ambition qui me tiennent éloigné de l'âme de ma vie. Au milieu des affaires, à la tête des troupes, en parcourant les camps, mon adorable Joséphine est seule dans mon cœur, occupe mon esprit, absorbe ma pensée. Si je m'éloigne de toi avec la vitesse du torrent du Rhône, c'est pour te revoir plus vite. Si, au milieu de la nuit, je me lève pour travailler, c'est que cela peut avancer de quelques jours l'arrivée de ma douce amie, et cependant, dans ta lettre du 23, du 26 ventôse, tu me traites de vous. Vous toi-même ! Ah ! Mauvaise, comment as-tu pu écrire cette lettre ! Qu'elle est froide ! Et puis, du 23 au 26, restent quatre jours ; qu'as-tu fait, puisque tu n'as pas écrit à ton mari ?... Ah ! Mon amie, ce vous et ces quatre jours me font regretter mon antique indifférence. [...]

Mon âme est triste ; mon cœur est esclave, et mon imagination m'effraie... Tu m'aimes moins ; tu seras consolée. Un jour, tu ne m'aimeras plus ; dis-le-moi ; je saurai au moins mériter le malheur... Adieu, femme, tourment, bonheur, espérance et âme de ma vie, que j'aime, que je crains, qui m'inspire des sentiments tendres qui m'appellent à la nature, et des mouvements impétueux aussi volcaniques que le tonnerre. Je ne te demande ni amour éternel, ni fidélité, mais seulement... vérité, franchise sans bornes. Le jour où tu dirais je t'aime moins, sera le dernier de mon amour ou le dernier de ma vie. Si mon cœur était assez vil pour aimer sans retour, je le hacherais avec les dents. Joséphine ! Joséphine ! Souviens-toi de ce que je t'ai dit quelquefois : la nature m'a fait l'âme forte et décidée. Elle t'a bâtie de dentelle et de gaze. As-tu cessé de m'aimer ? Pardon, âme de ma vie, mon âme est tendue sur de vastes combinaisons. Mon cœur, entièrement occupé par toi, a des craintes qui me rendent malheureux... Je suis ennuyé de ne pas t'appeler par ton nom. J'attends que tu me l'écrives. Adieu ! Ah ! Si tu m'aimes moins, tu ne m'auras jamais aimé. Je serais alors bien à plaindre. [...]

Bonaparte ■

> Au milieu des affaires,
> à la tête des troupes,
> en parcourant les camps,
> mon adorable Joséphine
> est seule dans mon cœur,
> occupe mon esprit,
> absorbe ma pensée.

Victor Hugo
à
Adèle Foucher

Victor Hugo (1802-1885) et Adèle Foucher (1803-1868) sont des amis d'enfance depuis 1809. Ils se déclarent leur amour le 26 avril 1819. Mais quand Hugo fait part de ses intentions de l'épouser, Madame Hugo – la mère de l'écrivain – s'oppose au mariage à cause de l'intervention de Pierre Foucher, le père d'Adèle, lors de la compromission du général Lahorie, l'amant de Madame Hugo, dans un complot royaliste. Notons que ce général est le parrain de Victor Hugo. Certains ont même laissé supposer qu'il était son père. En janvier 1820 commence une correspondance secrète entre Adèle et Victor. Il n'est pas exclu de penser que les obstacles n'ont fait qu'encourager leur relation. Quand Madame Hugo meurt le 26 juin 1821, la voie est libre pour le mariage, qui a lieu le 12 octobre 1822 en l'église Saint-Sulpice à Paris. De cette union naîtront, de 1823 à 1830, six enfants dont l'aîné mourra en bas âge. Le couple ne se séparera jamais malgré la liaison, dès 1827, d'Adèle avec l'écrivain Sainte-Beuve puis de Victor avec Juliette Drouet... entre autres. En 1843, il s'éprendra de Léonie Biard, puis en 1847 de la courtisane Alice Ozy.

Quelques mots de toi, mon Adèle chérie, ont encore changé l'état de mon âme. Oui, tu peux tout sur moi, et demain je serais mort que j'ignore si le doux son de ta voix, si la tendre pression de tes lèvres adorées ne suffiraient pas pour rappeler la vie dans mon corps. Combien ce soir je vais me coucher différent d'hier ! Hier, Adèle, toute ma confiance dans l'avenir m'avait abandonné, je ne croyais plus à ton amour, hier l'heure de ma mort aurait été la bienvenue.

– Cependant, me disais-je encore, s'il est vrai qu'elle ne m'aime pas, si rien dans mon âme n'a pu me mériter ce bien de son amour sans lequel il n'y a plus de charme dans ma vie, est-ce une raison pour mourir ? Est-ce que c'est pour mon bonheur personnel que j'existe ? Oh non ! tout mon être lui est dévoué, même malgré elle. Et de quel droit aurais-je osé prétendre à son amour ? Suis-je donc plus qu'un ange ou qu'un dieu ? Je l'aime, il est vrai, moi, je suis prêt à tout lui sacrifier avec joie, tout, jusqu'à l'espérance d'être aimé d'elle, il n'y a pas de dévouement dont je ne sois capable pour elle, pour un de ses sourires, pour un de ses regards ; mais est-ce que je pourrais être autrement ? Est-ce qu'elle n'est pas l'unique but de ma vie ? Qu'elle me montre de l'indifférence, de la haine même, ce sera mon malheur, voilà tout. Qu'importe, si cela ne nuit pas à sa félicité ! Oh ! oui, si elle ne peut m'aimer, je n'en dois accuser que moi.

Mon devoir est de m'attacher à ses pas, d'environner son existence de la mienne, de lui servir de rempart contre les périls, de lui offrir ma tête pour marchepied, de me placer sans cesse entre elle et toutes les douleurs, sans réclamer de salaire, sans attendre de récompense. Trop heureux si elle daigne quelquefois jeter un regard de pitié sur son esclave et se souvenir de moi au moment du danger ! Hélas ! qu'elle me laisse jeter ma vie au-devant de tous ses désirs, de tous ses caprices, qu'elle me permette de baiser avec respect la trace adorée de ses pieds, qu'elle consente à appuyer parfois sa marche sur moi dans les difficultés de l'existence, et j'aurai obtenu le seul bonheur auquel j'aie la présomption d'aspirer. Parce que je suis prêt à tout lui immoler, est-ce qu'elle me doit quelque reconnaissance ? Est-ce sa faute si je l'aime ? Faut-il qu'elle se croie pour cela contrainte de m'aimer ? Non, elle pourrait se jouer de mon dévouement, payer de haine mes services, repousser mon idolâtrie avec mépris, sans que j'eusse un moment le droit de me plaindre de cet ange, sans que je dusse cesser un instant de lui prodiguer tout ce qu'elle dédaignerait. Et quand chacune de mes journées aurait été marquée par un sacrifice pour elle, le jour de ma mort je n'aurais encore rien acquitté de la dette infinie de mon être envers le sien.

Hier, à cette heure, mon Adèle bien-aimée, c'étaient là les pensées et les résolutions de mon âme. Elles sont encore les mêmes aujourd'hui, seulement il s'y mêle la certitude du bonheur, de ce bonheur si grand que je n'y pense jamais qu'en tremblant de n'oser y croire.

Il est donc vrai que tu m'aimes, Adèle ! Dis-moi, est-ce que je peux me fier à cette ravissante idée ? Est-ce que tu crois que je ne finirai pas par devenir fou de joie si jamais je puis couler toute ma vie à tes pieds, sûr de te rendre aussi heureuse que je serai heureux, sûr d'être aussi adoré de toi, que tu es adorée de moi ? Oh ! ta lettre m'a rendu le repos, tes paroles de ce soir m'ont rempli de bonheur. Sois mille fois remerciée, Adèle, mon ange bien-aimé. Je voudrais pouvoir me prosterner devant toi comme devant une divinité. Que tu me rends heureux ! Adieu, adieu. Je vais passer une bien douce nuit à rêver de toi, dors bien et laisse ton mari te prendre les douze baisers que tu lui as promis et tous ceux que tu ne lui as pas promis. ∎

« Je l'aime,
il est vrai, moi,
je suis prêt à tout
lui sacrifier
avec joie, tout. »

Alfred de Musset
à
George Sand

Elle a 29 ans, lui 23 quand George Sand (1804-1876)
rencontre Alfred de Musset (1810-1857). Tous deux
« cultivent leur look » pour employer le vocabulaire
d'aujourd'hui. Elle fume des cigarettes turques et porte
un petit poignard dans la ceinture de sa robe ; elle est
brune, yeux noirs. Il est blond, fume de l'opium, boit ;
il porte des redingotes ajustées.

Elle lui fait parvenir un jeu d'épreuves de son nouveau
roman, *Lélia*. Il fait suite à cette lettre par une autre
qui se termine ainsi : « Aimez ceux qui savent aimer,
je ne sais que souffrir. Il y a des jours où je me tuerais :
mais je pleure ou j'éclate de rire, non pas aujourd'hui,
par exemple. Adieu, George ; je vous aime comme
un enfant. » George Sand est troublée et confie
dans une lettre à Sainte-Beuve : « Je me suis
énamourée, et cette fois, très sérieusement,
d'Alfred de Musset. » Et le poète de venir
s'installer chez elle quai Malaquais.

Il l'accompagne en Italie et ils rencontreront dans
le bateau sur le Rhône, le truculent Stendhal.

Mon cher George. J'ai quelque chose de bête et de ridicule à vous dire. Je vous l'écris sottement, au lieu de vous l'avoir dit, je ne sais pourquoi, en rentrant de cette promenade. J'en serai désolé ce soir. Vous allez me rire au nez, me prendre pour un faiseur de phrases dans tous mes rapports avec vous jusqu'ici. Vous me mettrez à la porte et vous croirez que je mens. Je suis amoureux de vous. Je le suis depuis le premier jour où j'ai été chez vous. J'ai cru que je m'en guérirais tout simplement en vous voyant à titre d'ami. Il y a beaucoup de choses dans votre caractère qui pouvaient m'en guérir ; j'ai tâché de me le persuader tant que j'ai pu ; mais je paye trop cher les moments que je passe avec vous. J'aime mieux vous le dire et j'ai bien fait, parce que je souffrirai bien moins pour m'en guérir à présent si vous me fermez votre porte.

Cette nuit pendant que *[deux mots illisibles, raturés par George Sand]*... J'avais résolu de vous faire dire que j'étais à la campagne, mais je ne veux pas faire de mystères ni avoir l'air de me brouiller sans sujet. Maintenant, George, vous allez dire : encore un qui va m'ennuyer comme vous dites ; si je ne suis pas tout à fait le premier venu pour vous, dites-moi, comme vous me l'auriez dit hier en me parlant d'un autre, ce qu'il faut que je fasse. Mais je vous en prie, si vous voulez me dire que vous doutez de ce que je vous écris, ne me répondez plutôt pas du tout. Je sais comme vous pensez de moi, et je n'espère rien en vous disant cela. Je ne puis qu'y perdre une amie et les seules heures agréables que j'ai passées depuis un mois. Mais je sais que vous êtes bonne, que vous avez aimé, et je me confie à vous, non pas comme à une maîtresse, mais comme à un camarade franc et loyal.

George, je suis un fou de me priver du plaisir de vous voir pendant le peu de temps que vous avez encore à passer à Paris, avant votre voyage à la campagne, et votre départ pour l'Italie où nous aurions passé de belles nuits, si j'avais la force. Mais la vérité est que je souffre et que la force me manque.

Alfd de M. ∎

> « *Je suis amoureux de vous. Je le suis depuis le premier jour où j'ai été chez vous.* »

George Sand
à
Pietro Pagello

Lors de leur voyage en Italie, des signes de tension
apparaissent entre George Sand (1804-1876) et Alfred
de Musset (1810-1857). À Gênes, Sand a la fièvre, due
probablement à la malaria. Musset se montre égoïste,
et n'hésite pas à la qualifier d'« ennui personnifié ».
Quand ils arrivent à Venise le 19 janvier 1834, c'est
au tour de Musset de contracter une typhoïde. Un jour
de février, tandis que Sand fume sur le balcon de
la chambre, un certain Pietro Pagello la remarque
à cause de son accoutrement bizarre et de son air
décidé. C'est en fait le médecin qui est appelé
au chevet du poète malade.

« *Je sais aimer
et souffrir,
et toi, comment
aimes-tu ?* »

George Sand

Intrigué par l'étrangeté du personnage, il se laisse entraîner dans une liaison avec George Sand. Il faut dire que les nuits passées auprès d'un malade sont propices aux rapprochements. Leur liaison demeure discrète pour ne pas éveiller les soupçons de Musset, affaibli, et ne pas ternir la réputation de Pagello. Dans la lettre qui suit, donnée en mains propres à Pagello, Sand laisse percer ses réticences, envisageant déjà la séparation. Quand Musset s'aperçoit qu'ils boivent dans la même tasse, il y voit une preuve de l'infidélité de son « frère chéri, George bien-aimé ». Rétabli, il quitte Venise pour Paris le 29 mars 1834.

En Morée

Nés sous des cieux différents, nous n'avons ni les mêmes pensées ni le même langage ; avons-nous du moins des cœurs semblables ⸮

Le tiède et brumeux climat d'où je viens m'a laissé des impressions douces et mélancoliques : le généreux soleil qui a bruni ton front, quelles passions t'a-t-il données ⸮ Je sais aimer et souffrir, et toi, comment aimes-tu ⸮

L'ardeur de tes regards, l'étreinte violente de tes bras, l'audace de tes désirs me tentent et me font peur. Je ne sais ni combattre ta passion ni la partager. Dans mon pays on n'aime pas ainsi ; je suis auprès de toi comme une pâle statue, je te regarde avec étonnement, avec désir, avec inquiétude.

Je ne sais pas si tu m'aimes vraiment. Je ne le saurai jamais. Tu prononces à peine quelques mots dans ma langue, et je ne sais pas assez la tienne pour te faire des questions si subtiles. Peut-être est-il impossible que je me fasse comprendre quand même je connaîtrais à fond la langue que tu parles.

Les lieux où nous avons vécu, les hommes qui nous ont enseignés, sont cause que nous avons sans doute des idées, des sentiments et des besoins inexplicables l'un pour l'autre. Ma nature débile et ton tempérament de feu doivent enfanter des pensées bien diverses. Tu dois ignorer ou mépriser les mille souffrances légères qui m'atteignent, tu dois rire de ce qui me fait pleurer.

Peut-être ne connais-tu pas les larmes.

Seras-tu pour moi un appui ou un maître ⸮ Me consoleras-tu des maux que j'ai soufferts avant de te rencontrer ؟ Sauras-tu pourquoi je suis triste ؟ Connais-tu la compassion, la patience, l'amitié ؟ On t'a élevé peut-être dans la conviction que les femmes n'ont pas d'âme. Sais-tu qu'elles en ont une ؟ N'es-tu ni chrétien ni musulman, ni civilisé ni barbare ; es-tu un homme ؟ Qu'y a-t-il dans cette mâle poitrine, dans cet œil de lion, dans ce front superbe ؟ Y a-t-il en toi une pensée noble et pure, un sentiment fraternel et pieux ؟ Quand tu dors, rêves-tu que tu voles vers le ciel ؟ Quand les hommes te font du mal, espères-tu en Dieu ؟

Serai-je ta compagne ou ton esclave ؟ Me désires-tu ou m'aimes-tu ؟ Quand ta passion sera satisfaite, sauras-tu me remercier ؟ Quand je te rendrai heureux, sauras-tu me le dire ؟

Sais-tu ce que je suis, ou t'inquiètes-tu de ne pas le savoir ؟ Suis-je pour toi quelque chose d'inconnu qui te fait chercher et songer, ou ne suis-je à tes yeux qu'une femme semblable à celles qui engraissent dans les harems ؟ Ton œil, où je crois voir briller un éclair divin, n'exprime-t-il qu'un désir semblable à celui que ces femmes apaisent ؟ Sais-tu ce que c'est que le désir de l'âme que n'assouvissent pas les temps, qu'aucune caresse humaine n'endort ni ne fatigue ؟ Quand ta maîtresse s'endort dans tes bras, restes-tu éveillé à la regarder, à prier Dieu et à pleurer ؟

Les plaisirs de l'amour te laissent-ils haletant et abruti, ou te jettent-ils dans une extase divine ؟ Ton âme survit-elle à ton corps, quand tu quittes le sein de celle que tu aimes ؟

Oh ! quand je te verrai calme, saurai-je si tu penses ou si tu te reposes ؟ Quand ton regard deviendra languissant, sera-ce de tendresse ou de lassitude ؟

Peut-être penses-tu que tu ne me connais pas… que je ne te connais pas. Je ne sais ni ta vie passée, ni ton caractère, ni ce que les hommes qui te connaissent pensent de toi. Peut-être es-tu le premier, peut-être le dernier d'entre eux. Je t'aime sans savoir si je pourrai t'estimer, je t'aime parce que tu me plais, peut-être serai-je forcée de te haïr bientôt.

Si tu étais un homme de ma patrie, je t'interrogerais et tu me comprendrais. Mais je serais peut-être plus malheureuse encore, car tu me tromperais.

Toi, du moins, ne me tromperas pas, tu ne me feras pas de vaines promesses et de faux serments. Tu m'aimeras comme tu sais et comme tu peux aimer. Ce que j'ai cherché en vain dans les autres, je ne le trouverai peut-être pas en toi, mais je pourrai toujours croire que tu le possèdes. Les regards et les caresses d'amour qui m'ont toujours menti, tu me les laisseras expliquer à mon gré, sans y joindre de trompeuses paroles. Je pourrai interpréter ta rêverie et faire parler éloquemment ton silence. J'attribuerai à tes actions l'intention que je te désirerai. Quand tu me regarderas tendrement, je croirai que ton âme s'adresse à la mienne ; quand tu regarderas le ciel, je croirai que ton intelligence remonte vers le foyer éternel dont elle émane.

Restons donc ainsi, n'apprends pas ma langue, je ne veux pas chercher dans la tienne les mots qui te diraient mes doutes et mes craintes. Je veux ignorer ce que tu fais de ta vie et quel rôle tu joues parmi les hommes. Je voudrais ne pas savoir ton nom, cache-moi ton âme que je puisse toujours la croire belle. ∎

Honoré de Balzac
à
Madame Hanska

Voici une entrée en matière au parfum d'aujourd'hui :
une mise en relation à distance... par petite annonce.
Le 28 février 1832, Honoré de Balzac (1799-1850) reçoit
la lettre d'une femme. Elle vient de Pologne et elle est
signée « l'Étrangère ». La correspondante se dit fervente
admiratrice de son œuvre, relevant même quelques
erreurs dans *La Peau de chagrin*.

Devant le mutisme de Balzac, l'Étrangère demande
une réponse. Même sous la forme d'une annonce
dans un journal. Et c'est seulement le 9 décembre
que l'auteur de *La Comédie humaine* daigne accéder
au désir de cette lectrice inconnue. C'est le début
d'une correspondance qui durera jusqu'à la mort

« Je ne crois à la vie
qu'avec toi. »

de Balzac. Très vite, il l'appelle « ma fleur du ciel », « ma chère âme », « ma fée », « mon ange chéri », « trésor de joie ».
En fait, cette relation à distance lui convient. Ne préfère-t-il pas à la conclusion les préliminaires, « la petite oie » autrement dit toutes les façons de tourner autour du pot. Car son véritable achèvement réside dans son œuvre. Et c'est d'elle qu'il parle dans ses lettres. Elle est une dévoreuse d'énergie. La bataille qu'il livre, l'énergie qu'elle réclame, lui ont fait casser plusieurs fauteuils sous lui : « Les champs de bataille intellectuels sont plus fatigants à labourer que les champs où l'on meurt et que les champs où l'on sème du grain, sachez-le bien. » (23 août 1835). Leur première rencontre se situe en 1833, en Suisse, à Neuchâtel. Ensuite ils se voient à Genève, à Pétersbourg, à Karlsruhe, à Strasbourg, à Orléans, à Bourges, à Tours, à Dresde, à Rotterdam, à Bruxelles... Chaque ville ayant sa couleur spécifique, liée à des événements particuliers. Ainsi, « Genève c'est notre midi ; c'est la moisson dorée ! Vienne c'est mon dévouement le plus pur. » (décembre 1845). Mais le temps passe et Balzac ironise : « Je crois que nous nous marierons en cheveux blancs ... » (18 janvier 1847). Quand Balzac finit par épouser Ève Hanska (1801-1882), en 1850, il est épuisé par le travail et la maladie. Il meurt quelques mois plus tard.

Honoré de Balzac

Tu sens bien, ma chère bien-aimée, que je n'ai pas l'âme assez étroite pour distinguer ce qui est à toi de ce qui est à moi. Tout est à nous, cœur, âme, corps, sentiments, tout, depuis la moindre parole jusqu'au plus léger regard, depuis la vie jusqu'à la mort. Mais ne nous ruine pas, car je t'enverrai cent Autrichiens pour un, et tu crieras à la folie.

Mon Ève adorée, je n'ai jamais été si heureux, je n'ai jamais tant souffert. Un cœur plus ardent que l'imagination n'est vive est un funeste présent, quand le bonheur complet n'étanche pas la soif de tous les jours. Je savais tout ce que je venais chercher de douleurs, et je les ai trouvées. Là-bas, ces douleurs me semblaient le plus grand des plaisirs, et je ne me suis pas trompé. Les deux parts sont égales.

Pour cela, il a fallu que tu fusses embellie et rien n'est plus vrai. Hier encore, tu étais à rendre fou. Si je ne savais pas que nous sommes liés à jamais, je mourrais de chagrin. Aussi, ne m'abandonne jamais, car ce serait un assassinat. Ne détruis jamais la confiance qui est notre seul bien complet dans cet amour si pur. N'aie pas de jalousies qui n'ont jamais de fondement. Tu sais combien les malheureux sont fidèles ; les sentiments sont tout leur trésor, leur fortune, et nous ne pouvons pas être plus malheureux que nous ne le sommes ici.

Rien ne peut me détacher de toi ; tu es ma vie et mon bonheur, toutes mes espérances. Je ne crois à la vie qu'avec toi. Que peux-tu craindre ¿ Mes travaux te prouvent mon amour, et ça a été préférer le présent à l'avenir que de venir ici. C'est la bêtise de l'amour ivre, car j'ai reculé, pour jouir de ce moment, de plusieurs mois les jours où tu crois que nous serons libres, plus libres, car libres, oh ! je n'ose pas penser à cela. Il faut que Dieu le veuille ! Je t'aime tant et tout nous unit si bien que cela sera ; mais quand ?

Allons, mille baisers, car j'en ai une soif que ces petites surprises ne font qu'accroître. Nous n'aurons ni une heure, ni une minute. Ces obstacles attisent une telle ardeur que je fais bien, crois-moi, de hâter mon départ.

Je te presse de tous côtés sur mon cœur, où tu ne tiens que moralement. Je voudrais t'y garder vivante !

Balzac ■

Madame Hanska

Juliette Drouet
à
Victor Hugo

En 1839, Victor Hugo (1802-1885) et Juliette Drouet
(1806-1883) sont amants depuis six années. Ils se sont
rencontrés le 2 janvier 1833 au foyer des artistes du Théâtre
de la Porte-Saint-Martin. Quelques jours auparavant,
le 23 décembre 1832, l'épouse d'Hugo, Adèle, filait
le parfait amour dans la chambrette de Sainte-Beuve,
rue Saint-André-des-Arts.

Le 17 février, Juliette et Victor deviennent amants
dans la loge de Mademoiselle Mars. Et ils passent
toute la nuit du Mardi gras de cette année-là
(19-20 février) chez Juliette, rue de l'Échiquier.

« C'est un bien grand
malheur, mon adoré,
d'aimer trop. »

43

Hugo vient de faire représenter *Hernani*. Juliette qui fut l'épouse du sculpteur James Pradier, dont elle a une fille, Claire, est une piètre comédienne.

Ils s'écrivent deux fois par jour. Peu à peu, des rapports sadomasochistes s'installent entre eux. Elle est devenue une maîtresse docile, inactive, confinée dans un endroit choisi par lui, à proximité du foyer conjugal, une maîtresse qui ne sort jamais, ne reçoit personne et recopie ses manuscrits à longueur de journée. Elle dépend de lui financièrement et n'a aucun avenir sur scène. Le 7 avril 1836, Juju écrit à Totor : « Je vous aime tant, mon Victor adoré, que je suis méchante comme une louve [...]. Il faut me museler avec des baisers, m'enchaîner avec des caresses pour venir plus facilement à bout de moi. » Et elle laisse parfois percevoir des mouvements de révolte : « J'ai eu la stupidité de me laisser mener comme un chien de basse-cour : de la soupe, une niche, une chaîne, voilà mon lot. » (20 mai 1836). Mais très vite elle se reprend et lui écrit : « Mais baise-moi donc ! ». Elle aime ses « dents de crocodile », elle l'aime « comme la lionne aime son lion » et la louve devient mouton ... et folle d'amour.

Dessin de Victor Hugo se représentant avec Juliette Drouet.

Quel temps mon adoré et quelle longue absence !

Je suis plus triste et plus noire que le ciel. Je me fais peur, car je sens que si je continue à t'aimer avec cette impatience et ce désespoir, je n'en aurai pas pour longtemps.

J'ai le cœur serré et les yeux pleins de larmes et aussitôt que je regarde ton portrait, je pleure. Je ne peux pas m'habituer à cette affreuse séparation qui a remplacé la douce et ravissante intimité de nos deux mois de voyage.

Je ne sais plus où j'en suis. Il me semble que j'ai quelque chose de mort en moi et dont je porte le deuil dans ma pensée et dans mon âme.

Au reste, ce n'est que trop vrai : le bonheur vient de mourir pour nous. À peine si nous pourrons en ressaisir quelque semblant dans les courtes et rares apparitions que tu fais chez moi.

Quelle vie que la mienne, mon Dieu ! Ou plutôt quel amour, car toute autre femme aimant comme aime tout le monde trouverait ma vie fort douce et s'estimerait très heureuse de tout ce qui me désespère et me tue.

C'est un bien grand malheur, mon adoré, d'aimer trop. Je le sens aujourd'hui plus que jamais et, cependant, je ne voudrais pas aimer moins.

Je me plains parce que je t'aime. Mais, au fond, je suis heureuse et fière de mes souffrances car elles m'élèvent jusqu'à toi. Sans elles, je ne serais qu'une femme ordinaire aimant d'un amour ordinaire et que tu dédaignerais avec raison. Par elles j'ai le droit de te demander ton amour, ton âme, ta vie, à défaut de ton corps et de ton génie.

Je t'aime à genoux et mieux que le bon Dieu ne l'est au ciel par ses anges.

Juliette ■

Gustave Flaubert
à
Louise Colet

Étrange relation que celle de Gustave Flaubert (1821-1880) et de Louise Colet (1810-1876) : essentiellement à distance, épistolaire. Au point où Flaubert n'a pas manqué ce néologisme : « sévigner » en référence à l'abondante correspondance de la Marquise.

Ils se rencontrent au cours de l'été 1846 à Paris.

Elle est un poéte reconnu et tient salon ; il n'est pas encore l'auteur de *Madame Bovary*.

Il vit de ses rentes à Croisset, auprès de sa mère.

Elle est mariée mais indépendante. Durant les six années précédant leur rencontre, elle compte huit amants.

La lettre choisie est, probablement, la seconde que Flaubert fait parvenir à sa future « muse », la première datant du 4 août.

Dès le début, la relation se forme sous le signe de la restriction de la part de Flaubert.

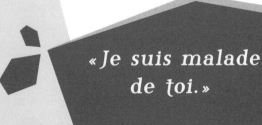

« Je suis malade de toi. »

Gustave Flaubert

Deux prétextes sont mis en avant : la distance entre Croisset et Paris ; la peine qu'il ferait à sa mère en s'absentant. En fait, le futur auteur de *L'Éducation sentimentale* a mis en place des clivages concernant son rapport avec les femmes : il sépare radicalement l'amour et l'acte sexuel. Louise Colet vient menacer ce bel équilibre ; il lui écrira : « tu es bien la seule femme que j'aie aimée et que j'aie eue. Jusqu'alors j'allais calmer sur d'autres les désirs donnés par d'autres. » Et puis, Flaubert se montre fétichiste : il garde une chaussure de Louise contenant un mouchoir taché du sang de ses « coquelicots » dans lequel il se masturbe.

Quelques semaines après la première nuit passée ensemble, c'est l'épisode de Mantes. Dans un poème « Les Amoureux de Mantes », Louise Colet n'hésite pas à flatter la vanité de son amant de deux nuits en le comparant à un « buffle indompté des déserts d'Amérique » ! Lui-même se souvient, avec terreur, d'un « cri de surprise que tu [Louise] as jeté à un moment, étonnée que tu étais de la force humaine. » C'en est trop. Il ne veut pas donner de lui cette image bestiale.

La correspondance « amoureuse » durera encore deux années. « Quand on s'aime on peut passer dix ans sans se voir et sans en souffrir » affirme Flaubert. Louise a écrit en marge : « Que penser de cette phrase ! »

Samedi 8 août 1846

Je suis brisé, étourdi, comme après une longue orgie ;
je m'ennuie à mourir. J'ai un vide inouï dans le cœur.
Moi si calme naguère, si fier de ma sérénité, et qui
travaillais du matin au soir avec une âpreté soutenue,
je ne puis ni lire ni penser, ni écrire ; ton amour m'a
rendu triste. Je vois que tu souffres, je prévois que je te
ferai souffrir. Je voudrais ne jamais t'avoir connue, pour
toi, pour moi ensuite, et cependant ta pensée m'attire
sans relâche. J'y trouve une douceur exquise. Ah ! qu'il
eût mieux valu en rester à notre première promenade !
Je me doutais de tout cela ! Quand le lendemain, je ne
suis pas venu chez Phidias, c'est que je me sentais déjà
glisser sur la pente. J'ai voulu m'arrêter ; qu'est-ce qui
m'y a poussé ? Tant pis ! Tant mieux ! Je n'ai pas reçu du
ciel une organisation facétieuse. Personne plus que moi
n'a le sentiment de la misère de la vie. Je ne crois à rien,
pas même à moi, ce qui est rare. Je fais de l'art parce que
ça m'amuse, mais je n'ai aucune foi dans le beau, pas
plus que dans le reste. Aussi l'endroit de ta lettre, pauvre
amie, où tu me parles de patriotisme m'aurait fait bien
rire, si j'avais été dans une disposition plus gaie. Tu vas
croire que je suis dur. Je voudrais l'être. Tous ceux qui
m'abordent s'en trouveraient mieux, et moi aussi dont le
cœur a été mangé comme l'est à l'automne l'herbe des
prés par tous les moutons qui ont passé dessus. Tu n'as
pas voulu me croire quand je t'ai dit que j'étais vieux.
Hélas ! oui, car tout sentiment qui arrive dans mon âme

s'y tourne en aigreur, comme le vin que l'on met dans les vases qui ont trop servi. Si tu savais toutes les forces internes qui m'ont épuisé, toutes les folies qui m'ont passé par la tête, tout ce que j'ai essayé et expérimenté en fait de sentiments et de passions, tu verrais que je ne suis pas si jeune. C'est toi qui es enfant, c'est toi qui es fraîche et neuve, toi dont la candeur me fait rougir. Tu m'humilies par la grandeur de ton amour. Tu méritais mieux que moi. Que la foudre m'écrase, que toutes les malédictions possibles tombent sur moi si jamais je l'oublie ! Te mépriser ¿ m'écris-tu, parce que tu t'es donnée trop tôt à moi ! As-tu pu le penser ¿ *Jamais, jamais,* quoi que tu fasses, quoi qu'il arrive ! Je te suis dévoué pour la vie, à toi, à ta fille, à ceux que tu voudras. C'est là un serment, retiens-le, uses-en. Je le fais parce que je puis le tenir.

Oui je te désire et je pense à toi. Je t'aime plus que je ne t'aimais à Paris. Je ne puis plus rien faire ; toujours je te revois dans l'atelier, debout près de ton buste, les papillotes remuantes sur tes épaules blanches, ta robe bleue, ton bras, ton visage, que sais-je ¿ tout. Tiens ! Maintenant la *force* me circule dans le sang. Il me semble que tu es là, je suis en feu, mes nerfs vibrent… tu sais comment… tu sais quelle chaleur ont mes baisers.

Depuis que nous nous sommes dit que nous nous aimions, tu te demandes d'où vient ma réserve à ajouter «pour toujours». Pourquoi ¿ C'est que je devine l'avenir, moi ; c'est que sans cesse l'antithèse se dresse devant mes yeux. Je n'ai jamais vu un enfant sans penser qu'il deviendrait vieillard, ni un berceau sans songer à une tombe. La contemplation d'une femme me fait rêver à son squelette. C'est ce qui fait que les spectacles joyeux me rendent triste, et que les spectacles tristes m'affectent peu. Je pleure trop en dedans pour verser des larmes au-dehors ; une lecture m'émeut plus qu'un malheur réel. Quand j'avais une famille, j'ai souvent souhaité n'en avoir pas, pour être plus libre, pour aller vivre en Chine ou chez les sauvages. Maintenant que je n'en ai plus, je la regrette et je m'accroche aux murs où son ombre reste encore. D'autres seraient fiers de l'amour que tu me prodigues, leur vanité y boirait à l'aise, et leur égoïsme de mâle en serait flatté jusqu'en ses replis les plus intimes. Mais cela me fait défaillir le cœur de tristesse, quand les moments bouillants sont passés ; car je me dis : elle m'aime ; et moi, qui l'aime aussi, je ne l'aime pas assez. Si elle ne m'avait pas connu, je lui aurais épargné toutes les larmes qu'elle verse ! Pardonne-moi ceci, pardonne-le-moi au nom de tout ce que tu m'as fait goûter d'ivresse. Mais j'ai le pressentiment d'un malheur immense pour toi. J'ai peur que mes lettres ne soient découvertes, qu'on apprenne tout. *Je suis malade de toi.*

Tu crois que tu m'aimeras toujours, enfant. Toujours ! quelle présomption dans une bouche humaine ! Tu as aimé déjà, n'est-ce pas ? comme moi ; souviens-toi qu'autrefois aussi tu as dit ; toujours. Mais je te rudoie, je te chagrine. Tu sais que j'ai les caresses féroces. N'importe, j'aime mieux inquiéter ton bonheur maintenant que de l'exagérer froidement, comme ils font tous, pour que sa perte ensuite te fasse souffrir davantage. Qui sait ? Tu me remercieras peut-être plus tard d'avoir eu le courage de n'être pas plus tendre. Ah ! si j'avais vécu à Paris, si tous les jours de ma vie avaient pu se passer près de toi, oui, je me laisserais aller à ce courant sans crier au secours ! J'aurais trouvé en toi, pour mon cœur, mon corps et ma tête, un assouvissement quotidien qui ne m'eût jamais lassé. Mais séparés, destinés à nous voir rarement, c'est affreux. Quelle perspective ! Et que faire ? pourtant... Je ne conçois pas comment j'ai fait pour te quitter. C'est bien moi, cela ! C'est bien dans ma pitoyable nature. Tu ne m'aimerais pas, j'en mourrais ; tu m'aimes, et je suis à t'écrire de t'arrêter. Ma propre bêtise me dégoûte moi-même. C'est que, de tous les côtés que je me retourne, je ne vois que malheur ! J'aurais voulu passer dans ta vie comme un frais ruisseau qui en eût rafraîchi les bords altérés, et non comme un torrent qui la ravage. Mon souvenir aurait fait tressaillir ta chair et sourire ton cœur. Ne me maudis jamais ! Va, je t'aurai bien aimée, avant que je ne t'aime plus. Moi, je te bénirai toujours ; ton image me restera tout imbibée de poésie et de tendresse, comme l'était hier la nuit dans la vapeur laiteuse de son brouillard argenté...

... Adieu, adieu ; je mets ma tête sur tes seins et je te regarde de bas en haut, comme une madone. ■

Karl Marx à Jenny

Jenny von Westphalen (1814-1881) l'appelle son « petit sanglier ». De son côté, Karl Marx (1818-1883) signe « Le Maure », à cause de son teint brun, et commence ses lettres par « Mon cœur chéri ».

Ils se sont mariés le 19 juin 1843 à Bad Kreuznach, malgré les réticences de la famille de Jenny : Karl n'a pas de revenus fixes. En octobre, ils s'installent à Paris rue Vanneau. Quand elle doit retourner à Trèves, ils s'écrivent en rivalisant de tendresse.

Et, s'étant toujours montrée attentive au travail de son mari, Jenny lui donne des conseils : « Qu'importe, si l'uniforme est débraillé et n'est pas ficelé aussi ferme. Comme c'est joli chez

« Ne pouvant utiliser mes lèvres pour t'embrasser, je le fais avec ma langue et mes paroles. »

Karl Marx

les soldats français, cet extérieur délié et cette légèreté. Pense à nos Prussiens faits au moule.

Ça ne te fait pas frémir ? » (21 juin 1844). Elle commente ainsi le style des articles qu'il écrit.

Cette entente, si lisse d'apparence, a sa face cachée. Comme tous les bourgeois de son temps, Marx pratique les amours ancillaires. Un fils d'Hélène Demuth naît le 23 juin 1851. Celle-ci est au service du jeune couple depuis 1843 ; elle est à la fois gouvernante, amie et partage leur combat politique. L'enfant est confié, dès sa naissance, à des parents nourriciers ; mais c'est elle qui a élevé les enfants légitimes... et Friedrich Engels, par la suite, a endossé la paternité. La morale bourgeoise est sauve ! Pourtant, c'est sur la demande de Jenny Marx qu'à sa mort, en 1890, Hélène Demuth repose dans le caveau de la famille Marx. Les paradoxes font bon ménage.

Mon cœur chéri,

Je t'écris à nouveau car je suis seul, et cela me gêne de toujours te parler en pensée sans que tu n'en saches rien ni ne m'entendes ni même ne puisses me répondre. Ton portrait, aussi mauvais soit-il, m'est du plus grand secours, et je comprends maintenant pourquoi même «les Vierges noires», les portraits les plus réprouvés de la Mère de Dieu, ont pu trouver de fougueux adorateurs, voire plus d'adorateurs que les bons portraits. Quoi qu'il en soit, aucune de ces images noires de la Vierge n'a jamais été plus embrassée, contemplée et adorée que ta photographie, qui, pour n'être pas noire, n'en est pas moins sombre et ne reflète nullement ton visage si charmant, si engageant, si tendre, si «dolce». Mais je corrige les rayons du soleil qui ont été mauvais peintres, et je découvre que mes yeux, tellement abîmés par la lumière des lampes et le tabac, peuvent peindre malgré tout, pas seulement en rêve mais aussi lorsque je suis éveillé. Tu es là devant moi, incarnée, et je te porte dans mes bras, et je te couvre de baisers de la tête aux pieds, et je tombe à genoux devant toi, et je soupire : «Madame, je vous aime.» Et je vous aime en réalité, plus que le Maure de Venise n'a jamais aimé. Le monde, perfide et paresseux, se représente tous les caractères humains à la mesure de sa perfidie et de sa paresse. Lequel de mes nombreux détracteurs et venimeux adversaires m'a une seule fois reproché ma vocation à jouer les jeunes premiers dans un théâtre de deuxième catégorie ? Et pourtant, c'est la vérité. Si ces scélérats avaient eu de l'esprit, ils auraient représenté d'un côté «les rapports de production et d'échange» et de l'autre moi me prosternant à tes pieds. *Look to this picture and to that* – auraient-ils écrit au-dessous du tableau. Mais ces gredins sont idiots et ils le resteront, *in seculum seculorum*.

Une absence passagère a du bon car, dans une proximité réciproque, les choses ne se différencient plus à trop à se ressembler. Même des tours proches l'une de l'autre ont l'air de naines, tandis que le petit et le familier, regardés de près, prennent de plus en plus de volume. Ainsi en est-il des passions. Les petites habitudes qui, du fait de la proximité de l'autre, s'emparent de vous et prennent une tournure passionnelle disparaissent dès que leur objet immédiat se dérobe à la vue. Les grandes passions qui, par la proximité de leur objet, prennent la forme de petites habitudes grandissent et reprennent leur dimension naturelle sous l'effet magique de l'éloignement. Ainsi en est-il de mon amour. Il suffit que ton image s'évanouisse d'un simple rêve pour que je sache aussitôt que le temps n'a servi à mon amour qu'à cela à quoi servent le soleil et la pluie pour les plantes : à grandir et à croître. Dès que tu t'éloignes, mon amour pour toi apparaît tel qu'il est : c'est un géant qui concentre en lui-même toute l'énergie de mon esprit et toute l'ardeur de mon cœur. Je redeviens homme, parce que je vis une grande passion, et l'éparpillement où nous entraînent l'étude et la culture moderne, ainsi que le scepticisme qui fatalement nous amène à dénigrer toutes nos impressions subjectives et objectives ne servent qu'à faire de nous tous des créatures insignifiantes et chétives, geignardes et timorées. En revanche, l'amour, non pas pour l'homme de Feuerbach, non pas pour le métabolisme de Moleschott, non pas pour le prolétariat, mais l'amour envers la bien-aimée et spécialement envers toi permet à l'homme de redevenir homme. Tu vas sourire, ma chérie, et te demander comment d'un coup j'en viens à développer toute cette belle rhétorique ? Mais si je pouvais serrer contre mon cœur ton tendre cœur pur, je me tairais et ne dirais plus un mot. Ne pouvant utiliser mes lèvres pour t'embrasser, je le fais avec ma langue et mes paroles.

Ton Karl ■

Stéphane Mallarmé
à
Maria Gerhard

C'est en 1862, à Sens, que Stéphane Mallarmé (1842-1898) tombe amoureux de Christina Maria Gerhard (1835-1910). Elle est allemande alors qu'il la croit anglaise. Première confusion. Étant donné qu'il est encore mineur, il l'enlève et l'emmène à Londres. Il n'est, alors, plus très sûr de lui ; pourtant, il l'épouse pendant l'été 1863.

Le nom de la ville où ils se sont rencontrés est bien chargé symboliquement : Sens... Or, et ceci est la deuxième confusion : Marie – c'est ainsi qu'il nomme son épouse – sera le nom propre actif dans son fonctionnement amoureux ; elle restera « la jeune vierge », le substitut à sa sœur Marie, morte le 31 août 1857.

« Je vous aime !
Je vous aime !
C'est tout ce que
je sache dire
et penser. »

Stéphane Mallarmé

Il écrivait à son meilleur ami, Henri Cazalis, en juillet 1862 :
« Oui, elle se rangera dans mes rêves à côté de toutes
les Chimène, les Béatrice, les Juliette, les Régine, et qui mieux est,
dans mon cœur à côté de ce pauvre jeune fantôme, qui fut treize
ans ma sœur, et qui fut la seule personne que j'adorasse, avant
de vous connaître tous : elle sera mon idéal dans la vie, comme
ma sœur l'est dans la mort. »

Mademoiselle,

Voici plusieurs jours que je ne vous ai vue.

À mesure qu'une larme tombait de mes yeux, il était doux à ma tristesse que je prisse une feuille de papier et je m'efforçasse d'y traduire ce que cette larme contenait d'amertume, d'angoisse, d'amour, et, je le dirai franchement, d'espérance.

Aujourd'hui, elles ne sont plus faites que de désespoir.

Ces lettres, je les gardais et je les entassais chaque matin, pensant vous les remettre en osant croire, non pas que vous les liriez toutes, mais simplement que vous jetteriez les yeux au hasard sur quelques phrases, et que de ces quelques phrases monterait à vous cette clarté qui vous enivre et qu'on ressent lorsqu'on est aimé.

Ce rayon devait faire ouvrir en votre cœur la fleur bleue mystérieuse, et le parfum qui naîtrait de cet épanouissement, espérais-je, ne serait pas ingrat.

Je le respirerais !

On l'appelle l'amour, ce parfum.

Aujourd'hui, la désillusion est presque venue et j'ai brûlé ces lettres qui étaient les mémoires d'un cœur.

Du reste, elles étaient trop nombreuses, et cela vous eût fait rire de voir que je vous aimais tant !

Je les remplace, ces sourires et ces soupirs, par ce papier banal et vague que je vous remettrai je ne sais quand et Dieu sait où ! Toute la gamme de ma passion ne sera pas scrupuleusement notée, comme elle l'était, je me contenterai d'écrire ici les trois phrases qui sont toute son harmonie «Je t'aime ! Je t'adore ! Je t'idolâtre ! ».

Pardonnez-moi, ô ma reine, de vous avoir tutoyée dans cette litanie extatique. C'est que, voyez-vous, je suis comme fou, et égaré depuis quelques jours. Quand une flèche se plante dans une porte, la porte vibre longtemps après : un trait d'or m'a frappé, et je tremble, éperdu.

Retirez-le ou enfoncez-le plus avant, mais ne vous amusez pas à en fouiller mon cœur. Dites oui ou non, mais parlez. Répondez ! Cela vous amuse donc bien de me faire souffrir ¿ Je pleure, je me lamente, je désespère. Pourquoi cette sévérité ¿ Est-ce un crime de vous aimer ¿ Vous êtes adorable et vous voulez qu'on vous trouve détestable, car il faudrait vous trouver détestable pour ne pas vous aimer, vous qui êtes un regard divin et un sourire céleste !

Vous êtes punie d'être un ange : je vous aime. Pour me punir à mon tour de vous aimer, il faudrait n'être plus un ange, et vous ne le pouvez pas.

Donc laissez-moi vous contempler et vous adorer, et espérer.

Adieu, je vous embrasse avec des larmes dans les yeux : séchez-les avec un baiser, ou un sourire au moins.

Je vous aime ! Je vous aime ! C'est tout ce que je sache dire et penser.

Écrivez par la poste à cette adresse – « Monsieur S.M. – Poste restante, à Sens » – cela me parviendra ainsi. J'attends ma sentence.

J'irai encore vous voir au Lycée, je suis heureux de vous voir, même de loin, il me semble, quand vous tournez la rue, que je vois un fantôme de lumière et tout rayonne. ∎

Théophile Gautier
à
Carlotta Grisi

1865, la vie est fade, cette année-là, pour Théophile Gautier (1811-1872). Il écrit à Carlotta Grisi (1819-1899) : « Voici bien longtemps que je n'ai reçu de vous une de ces bonnes petites lettres intimes, cachées, écrites pour mon cœur seul, qui sont l'unique consolation de la vie souvent bien ennuyeuse et aride que je mène. » Il lui dit conserver comme une relique un de ses chaussons de satin.

Ce qui le fait revivre : un long séjour auprès d'elle à Genève, au château Saint-Jean, propriété du prince Radziwill qu'elle a épousé en 1850.

Étonnante relation que celle de l'écrivain et de la danseuse ; étonnante pour nous, mais

« Il pleut dans mon âme comme dans la rue. »

Carlotta Grisi

la chose n'est pas rare, au XIXe siècle, de ces rapports sensuels
perpétuellement au bord de l'abandon.

C'est son métier de critique qui a mis en présence Gautier
et Carlotta Grisi le 28 février 1840. Elle danse dans un ballet
Le Zingaro, représenté au Théâtre de la Renaissance ; elle vit
avec le danseur Jules Perrot. Elle ne fait pas grande impression
sur le critique : « Elle sait danser, ce qui est rare, elle a du feu,
mais pas assez d'originalité. » (2 mars 1840).

Un an plus tard, le ton change : « Elle danse aujourd'hui
merveilleusement. Il y a là beauté, jeunesse, talent – admirable
trinité. » (7 mars 1841). Gautier est amoureux...

Pour elle, il va écrire un ballet, *Giselle*, qui fut porté aux nues.
On a lancé un tissu, une fleur appelés « Giselle ». C'est elle,
la sylphide.

Mais ce n'est pas avec elle qu'il vit, mais avec sa sœur ainée
Ernesta ! Elle est chanteuse et son timbre de contralto a séduit
l'auteur de *Mademoiselle de Maupin*.

Il n'empêche que Carlotta demeurera l'amie de cœur de Gautier.
C'est en pensant à elle qu'il écrit *Spirite* (1866) : l'histoire
d'un amour impossible pour une morte. Cette œuvre peut être lue
comme le rêve de fusion amoureuse à distance.

Ma chère Carlotta,

Me voilà hélas! bien loin de vous dans ce grand Paris où j'ai beaucoup de peine à me réinstaller. Plus de Salève ni de Jura, le matin devant mes yeux, rien que la brume qui enveloppe, au fond du jardin, les grêles peupliers. Je me consolerais bien vite de ne plus voir les montagnes avec leurs couronnes de neige si vous étiez là. Votre présence dissiperait le brouillard et ferait briller le soleil du printemps à travers cette bruine qui éteint le jour. Quelque effort que je fasse, je me sens envahir par une invincible mélancolie. Il pleut dans mon âme comme dans la rue. J'avais pris une si douce habitude de vivre près de vous qu'il me semblait que cela ne devait jamais finir. Mon départ, tant de fois différé après un séjour plus long que je n'aurais osé l'espérer, m'a surpris comme une catastrophe inattendue. Je ne pouvais y croire et quand les roues du wagon ont commencé à tourner, elles m'ont fait le même mal que si elles me passaient sur le cœur. Voilà déjà six grands jours que je ne vous ai vue, six grands jours éternels, et qu'est-ce que six jours à côté des mois qui vont s'écouler, oh ! combien lentement, avant que je puisse vous revoir ! Je me suis déjà ennuyé pour une année au moins. Mon âme est restée à St-Jean près de vous, et je ne sais que faire de mon corps. Je le mène tous les jours au *Moniteur* pour corriger les épreuves de *Spirite* dont la publication a commencé ce matin. Lisez, ou plutôt relisez, car vous le connaissez déjà, ce pauvre roman qui n'a d'autre mérite que de refléter votre gracieuse image, d'avoir été rêvé sous vos grands marronniers et peut-être écrit avec une plume qu'avait touchée votre main chérie. L'idée que vos yeux adorés se fixeront quelque temps sur ces lignes, où palpite sous le voile d'une fiction le vrai, le seul amour de mon cœur, sera la plus douce récompense de mon travail. En parcourant ces feuilletons, vous penserez peut-être à celui qui pense toujours à vous à travers les occupations, les ennuis et les tristesses de la vie et dont l'âme ne vous abandonne pas un instant. N'est-ce pas, cher ange, que vous ne m'oublierez pas, que vous me garderez la petite place que vous m'avez faite dans votre cœur et que vous ne m'ôterez pas l'espérance qui me soutient et me fait vivre ? Je suis plein de doute et de trouble ; malgré vos douces paroles et les marques irrécusables de votre tendresse, je n'ose croire que j'aie fait quelque progrès dans votre affection. Les difficultés de nos rares et courtes entrevues, presque toujours dérangées par des *gêneurs* (ce mot de la charade que vous ne compreniez pas), la froideur apparente dont vous vous armiez pour détourner le soupçon d'un amour trop transparent de mon côté, ont ôté aux dernières semaines de mon séjour la charmante intimité des premiers mois. La journée qui, disiez-vous en souriant, n'était pas finie, lorsque je réclamais un baiser, quelquefois ne commençait pas, vers la fin. Il me semblait à de certains moments que vous ne m'aimiez plus ou que vous m'aimiez moins.

Pourtant, le matin du départ, dans le petit salon, lorsque je vous faisais d'une main tremblante les petits dessins que vous m'aviez demandés, j'ai cru voir vos yeux fixés sur moi se troubler et devenir humides. Cela vous faisait donc un peu de chagrin de voir celui qui vous aime tant s'éloigner pour bien longtemps peut-être ? Pour moi, j'étais navré, mais au milieu de tout ce monde, je n'ai pu vous exprimer ma douleur profonde. Oh ! pourquoi n'ai-je pas eu une demi-heure à moi pour vous serrer contre mon cœur, pleurer dans votre sein, et laisser mon âme entre vos douces lèvres, avec un long et suprême baiser ?

Sempre vostrissimo

Théophile Gautier ■

Sarah Bernhardt

à

Mounet-Sully

Sarah Bernhardt, pseudonyme d'Henriette-Rosine Bernard
(1844-1923), et Jean Sully Mounet, dit Mounet-Sully
(1841-1916), partagent l'affiche à la Comédie-Française
dans la pièce *Ruy Blas* de Victor Hugo. Ces deux
monstres sacrés – elle est la « voix d'or » et lui
le « rugisseur de la Comédie-Française » – ont
la faveur du public. Il n'est pas très étonnant que,
se retrouvant dans la même distribution,
ils deviennent intimes et entament une relation
amoureuse.

« *Je t'aime cela
est vrai, je t'aime
à pleine âme.* »

[...] Tu comprends bien ce que je te dis, tu sens que c'est vrai, ami, et qu'il est en ce monde des choses qu'on n'invoque jamais pour couvrir même un caprice – donc, aimé, ne sois pas fâché, et maintenant laisse-moi te parler de ma folle tendresse, laisse-moi te dire que je t'aime de toutes les forces de mon âme, que mon cœur est tien et que je suis presque heureuse ; que peut-être je vais aimer la vie maintenant que j'aime l'amour ou plutôt que je connais l'amour ! T'ai-je dit mon doux amour et mes fièvres d'amour et mes espoirs déçus, et mes perpétuelles recherches, suivies du vide, du néant toujours ; et mes larmes de rage, et mes cris d'impuissance et mon vrai, mon sincère désespoir qui me conduisait au suicide ?

Si je t'ai dit cela, je te le dis en vérité, mon cher Seigneur, car je te dois de ne plus pleurer et d'espérer beaucoup. Je te dois par dessus tout la connaissance de l'amour, non de celui que j'inspire, mais de celui qui devient mien, de celui que je ressens, je suis si tant heureuse d'aimer enfin et de t'aimer toi ! [...] Appuie-toi sur mon cœur, réchauffe ma tristesse et mon scepticisme sur ta chaude âme, ouvre-moi ton être et laisse m'y entrer que je sois tienne toute et reçois dans ce baiser fait de souvenirs et d'espérances tout ce que cœur de femme a de bon, de poétique.

Je t'aime cela est vrai, je t'aime à pleine âme. Je mets mes bras autour de ta tête et mes lèvres sur les tiennes. Je te murmure toutes les paroles d'amour que tu sais.

Ta tienne

Sarah Bernhardt ∎

Auguste Rodin
à
Camille Claudel

La rencontre de Camille Claudel (1864-1943) et d'Auguste Rodin (1840-1917) se situe probablement en 1882. Il est un sculpteur en vue et vient d'obtenir la commande des *Bourgeois de Calais*, ainsi que celle de *La Porte de l'enfer*. Elle se présente chez le « Maître » pour être son ouvrière. Elle entreprend, alors, de réaliser le buste de son frère Paul (1868-1955), le futur auteur de *L'Annonce faite à Marie*, et de sa sœur Louise. Camille n'a jamais été aussi heureuse : elle est, non seulement, son assistante, mais aussi son modèle, son inspiratrice et sa compagne ; c'est la belle époque du *Baiser* sculpté par Rodin. Elle l'appelle son « Barbe-Bleue » et lui « ma princesse ». Camille n'est pas sans savoir que l'amour de sa vie est en ménage avec Rose Beuret.

Auguste Rodin

Camille Claudel

Mais elle s'enivre de travail : elle passe ses journées à dégrossir un bloc de marbre dans l'un des trois ateliers du maître.
Elle rentre chez elle titubant de fatigue. Du même coup, elle ne travaille pas assez pour elle-même. Et, pour la famille Claudel, elle est une hors-la-loi.
Cette situation, Camille ne parviendra pas à la dépasser.
Elle souffre de demeurer, tant sur un plan professionnel que sentimental, une femme de l'ombre. Elle n'est pas reconnue.
Ce qui la mènera à l'asile, où elle est internée en 1913 et où elle restera jusqu'à sa mort.

« Je t'aime avec fureur. »

Ma féroce amie,

Ma pauvre tête est bien malade, et je ne puis plus me lever le matin. Ce soir, j'ai parcouru (des heures) sans te trouver nos endroits. que la mort me serait douce ! et comme mon agonie est longue. Pourquoi ne m'as-tu pas attendu à l'atelier. où vas-tu ? à quel [sic] douleur j'étais destiné. J'ai des moments d'amnésie où je souffre moins, mais aujourd'hui, l'implacable douleur reste. Camille ma bien aimée malgré tout, malgré la folie que je sens venir et qui sera votre œuvre, si cela continue. Pourquoi ne me crois-tu pas ? J'abandonne mon Salon [ou : Dalou ?] la sculpture ; Si je pouvais aller n'importe où, un pays où j'oublierai, mais il n'y en a pas. Il y a des moments où franchement je crois que je t'oublierai. Mais en un seul instant, je sens ta terrible puissance. Aye pitié méchante. Je n'en puis plus, je ne puis plus passer un jour sans te voir. Sinon l'atroce folie. C'est fini, je ne travaille plus, divinité malfaisante, et pourtant je t'aime avec fureur.

Ma Camille sois assurée que je n'ai aucune femme en amitié, et toute mon âme t'appartient.

Je ne puis te convaincre et mes raisons sont impuissantes. Ma souffrance tu n'y crois pas, je pleure et tu en doute [sic]. Je ne ris plus depuis longtemps, je ne chante plus, tout m'est insipide et indifférent. Je suis déjà mort et je ne comprends plus le mal que je me suis donné pour des choses qui me sont si indifférentes maintenant. Laisse-moi te voir tous les jours, ce sera une bonne action et peut-être qu'il m'arrivera un mieux, car toi seule peut [sic] me sauver par ta générosité.

Ne laisse pas prendre à la hideuse et lente maladie mon intelligence, l'amour ardent et si pur que j'ai pour toi enfin pitié ma chérie, et toi-même en sera récompensée.

Rodin

Je t'embrasse les mains mon amie, toi qui me donne [sic] des jouissances si élevées, si ardentes, près de toi, mon âme existe avec force et, dans sa fureur d'amour, ton respect est toujours au dessus. Le respect que j'ai pour ton caractère, pour toi ma Camille est une cause de ma violente passion. Ne me traite pas impitoyablement je te demande si peu.

Ne me menace pas et laisse toi voir que ta main si douce marque ta bonté pour moi et que quelques fois laisse la, que je la baise dans mes transports.

Je ne regrette rien. Ni le dénouement qui me paraît funèbre, ma vie sera tombée dans un gouffre. Mais mon âme a eu sa floraison, tardive hélas. Il a fallu que je te connaisse et tout a pris une vie inconnue, ma terne existence a flambé dans un feu de joie. Merci car c'est à toi que je dois toute la part de ciel que j'ai eue dans ma vie.

Tes chères mains laisse les sur ma figure, que ma chair soit heureuse que mon cœur sente encore ton divin amour se répandre à nouveau. Dans quelle ivresse je vis quand je suis auprès de toi. Auprès de toi quand je pense que j'ai encore ce bonheur, et je me plains. et dans ma lâcheté, je crois que j'ai fini d'être malheureux que je suis au bout. Non tant qu'il y aura un peu d'espérance si peu une goutte il faut que j'en profite la nuit, plus tard, la nuit après.

Ta main Camille, pas celle qui se retire, pas de bonheur à la toucher si elle ne m'est le gage d'un peu de ta tendresse.

Ah ! divine beauté, fleur qui parle, et qui aime, fleur intelligente, ma chérie. Ma très bonne, à deux genoux, devant ton beau corps que j'étreins.

R ■

Pierre Curie
à Marie

Lui est français (1859-1906) ; elle est polonaise (1867-1934). Après des études secondaires, qu'elle ne peut poursuivre, la faculté n'étant ouverte qu'aux garçons en Pologne, elle quitte son pays pour la France en 1891. À la Sorbonne, elle rencontre Pierre Curie au printemps 1894. Dès le mois d'août, Pierre évoque leur « rêve scientifique ». Ils ne tardent pas à se marier ; c'est en juillet 1895.

Leurs conditions de travail sont pourtant d'une grande précarité. Un de leurs amis décrit ainsi un petit hangar transformé en laboratoire qui « tenait à la fois de l'étable et du hangar à pommes de terre. Si je n'y avais pas vu des appareils de chimie, j'aurais cru que l'on se moquait de moi. »

« Ce serait cependant une belle chose à laquelle je n'ose croire, que de passer la vie l'un près de l'autre. »

Pierre et Marie Curie

Ils parviennent à isoler une substance chimique qu'ils baptisent
« polonium » en souvenir du pays natal de Marie. Puis une
deuxième, le radium en 1898.

En 1903, ils se voient attribuer le prix Nobel de physique pour
la découverte de la radioactivité naturelle. En 1911, Marie recevra
le prix Nobel de chimie. Quand Pierre meurt en 1906, elle lui
succède comme enseignante à la Sorbonne ; ce poste fait d'elle
une pionnière : aucune femme jusque-là n'avait pu enseigner
à la Sorbonne.

Marie et Pierre s'aimaient et partageaient les mêmes
préoccupations scientifiques.

Les conditions mêmes de leur mort les rapprochent encore.
Souvent pris de vertiges, probablement dus aux effets de
la radioactivité suite à des années passées en laboratoire,
Pierre est renversé, le 19 avril 1906, par une voiture à cheval.
Marie s'éteint le 4 juillet 1934 des suites d'une leucémie radio-
induite.

L'utilisation de leurs découvertes est en majeure partie médicale
pour le traitement des cancers. On parle de « curiethérapie ».

Rien ne pouvait me faire plus de plaisir que d'avoir de vos nouvelles. La perspective de rester deux mois sans entendre parler de vous m'était extrêmement désagréable : c'est vous dire que votre petit mot a été le bienvenu.

J'espère que vous faites provision de bon air et que vous nous reviendrez au mois d'octobre. Pour moi, je crois que je ne voyagerai pas, je reste à la campagne, et je suis toute la journée devant ma fenêtre ouverte, ou dans le jardin.

Nous nous sommes promis (n'est-il pas vrai ?) d'avoir l'un pour l'autre au moins une grande amitié. Pourvu que vous ne changiez pas d'avis ! Car il n'y a pas de promesses qui tiennent, ce sont des choses qui ne se commandent pas. Ce serait cependant une belle chose à laquelle je n'ose croire, que de passer la vie l'un près de l'autre, hypnotisés dans nos rêves : *votre rêve* patriotique, notre rêve humanitaire et *notre rêve* scientifique.

De tous ces rêves-là, le dernier seul est, je crois, légitime. Je veux dire par là que nous sommes impuissants à changer l'état social et, s'il n'en était pas ainsi, nous ne saurions que faire, et en agissant dans un sens quelconque nous ne serions jamais sûrs de ne pas faire plus de mal que de bien, en retardant quelque évolution inévitable. Au point de vue scientifique, au contraire, nous pouvons prétendre faire quelque chose : le terrain est ici plus solide et toute découverte, si petite qu'elle soit, reste acquise.

Voyez comme tout s'enchaîne... Il est convenu que nous serons de grands amis, mais si dans un an vous quittez la France ce sera vraiment une amitié trop platonique que celle de deux êtres qui ne se verront plus. Ne vaudrait-il pas mieux que vous restiez avec moi ? Je sais que cette question vous fâche et je ne veux plus vous en parler – puis je me sens tellement indigne de vous, à tous les points de vue...

J'avais pensé vous demander la permission de vous rencontrer *par hasard* à Fribourg. Mais vous y resterez, n'est-il pas vrai, un jour seulement, et ce jour-là vous appartiendrez nécessairement à nos amis Kowalski.

Croyez-moi votre tout dévoué.

P. Curie

Je serais bien heureux si vous vouliez bien m'écrire et me donner l'assurance que vous comptez revenir en octobre. En m'écrivant directement à Sceaux, les lettres m'arrivent plus vite : Pierre Curie, 13 rue des Sablons, à Sceaux (Seine). ■

Oscar Wilde
à
Alfred Douglas

C'est depuis la prison anglaise de Reading qu'Oscar Wilde
(1854-1900) écrit à l'amour de sa vie – ce n'est pas une
expression stéréotypée –, Lord Alfred Douglas, surnommé
« Bosie ». On peut dire qu'il y a un avant et un après
la rencontre de ce jeune homme efféminé, en 1891.
La date charnière étant le 25 mai 1895, quand Wilde est
reconnu coupable d'« outrage aux bonnes mœurs ».
D'un côté, la célébrité : *Le Portrait de Dorian Gray*,
paru en 1890, est un succès. De l'autre, le rejet et
l'impécuniosité. Comment ce dandy en vue, fils
d'un chirurgien célèbre installé à Londres, a-t-il pu
en arriver là ? La mauvaise relation qu'entretient
le marquis de Queensberry avec son fils, Alfred,
en est la cause. Il n'est pas sans savoir que
son fils fréquente le milieu de la prostitution
masculine. Et, une manière de l'atteindre
indirectement, est de dénoncer son amant

pour sodomie. Un délit sur lequel la société fermait les yeux s'il restait dans le non-dit.

Refusant de fuir, Wilde est arrêté et emprisonné. Il restera incarcéré pendant deux ans. C'est alors qu'il écrit son œuvre la plus belle : *De Profundis*, longue lettre à Lord Douglas. La courte lettre qui suit donne une idée de la grandeur d'âme de son auteur, mais aussi de son fatalisme.

À sa sortie de prison, Wilde retrouve son âme damnée. Tous les deux partent en voyage. C'est à Naples que Douglas, après avoir dépouillé Wilde de ses maigres ressources, l'abandonne. Le 30 novembre 1900, Wilde meurt d'une méningite à Paris, dans un modeste hôtel de la rue des Beaux-Arts, pauvre et désespéré après avoir vécu l'expérience la plus amère de sa vie. Quelques décennies plus tard, un autre écrivain célèbre mourra, lui aussi, seul, dans un petit hôtel parisien : Jean Genet.

Oscar Wilde

Quant à vous, vous m'avez donné la beauté de la vie dans le passé, et dans l'avenir s'il doit y en avoir un. C'est pourquoi je vous serai éternellement reconnaissant de m'avoir inspiré adoration et amour. Ces journées de bonheur ont été notre aurore. Aujourd'hui, dans l'angoisse et la souffrance, le chagrin et l'humiliation, je sens que mon amour pour vous, votre amour pour moi, sont les deux piliers de ma vie, les sentiments divins qui rendent supportable l'amertume. De toute mon existence, jamais quelqu'un ne m'a été si précieux ; nul amour n'a été plus grand, plus sacré, plus beau...

Cher garçon, dans les jouissances comme en prison, vous et le souvenir de vous étaient tout pour moi. Oh ! Gardez-moi toujours dans votre cœur ; vous ne quittez jamais le mien. Je pense à vous bien plus qu'à moi-même et si, parfois, la pensée de l'horrible, de l'infâme souffrance vient me tourmenter, il me suffit de penser à vous pour reprendre des forces et guérir mes plaies. Que la destinée, Némésis, ou les dieux cruels soient seuls blâmés pour tout ce qui s'est passé.

Tout grand amour a sa part de tragédie, et maintenant le nôtre connaît la sienne ; mais vous avoir côtoyé, vous avoir aimé avec un dévouement si profond, vous avoir eu pour une portion de ma vie, la seule que j'estime aujourd'hui magnifique, me suffit. Les mots manquent pour dire ma passion mais vous et vous seul pouvez me comprendre. Nos âmes étaient faites l'une pour l'autre et, en percevant la vôtre dans l'amour, la mienne a surpassé bien des maux, elle a compris la perfection et touché l'essence divine des choses.

« Nul amour n'a été
plus grand,
plus sacré,
plus beau... »

La douleur, si elle vient, ne peut durer infiniment ; un jour nous nous retrouverons, c'est certain, et si mon visage porte le masque de la tristesse, si mon corps est usé par la solitude, vous et vous seul reconnaîtrez cette âme sublimée par la vôtre, l'âme de l'artiste qui a trouvé son idéal en vous, l'âme du passionné de beauté à qui vous êtes apparu comme un être parfait, sans défaut. Désormais, je pense à vous comme à un ange aux cheveux d'or, au sein duquel le cœur du Christ lui-même bat. À présent je sais combien l'amour transcende tout le reste. Vous m'avez transmis le divin secret de l'univers.

Oscar ■

Paul Eluard
à
Gala

Eugène Grindel, dit Paul Eluard, (1895-1952) et Elena
Ivanovna Diakonova, dite Gala, (1894-1982) se rencontrent
à 1 700 mètres d'altitude au sanatorium de Clavadel,
en Suisse, dans le somptueux paysage des Grisons. Tous
les deux sont atteints de la maladie du siècle : la phtisie.
Pour l'un comme pour l'autre, c'est un premier amour
dans le contexte d'une convalescence. Ils quittent
le sanatorium en 1914 et se marient à Paris
le 21 février 1917. Gala n'a aucune disposition pour
être une femme au foyer ; d'autant moins qu'elle
exerce sur les hommes une étrange fascination.
En 1922 se forme un ménage à trois avec le
peintre Max Ernst qui devient l'amant de Gala.

« Gala, mon dorogoï,
ma toute aimée,
depuis toujours,
pour toujours. »

Excédé, le 24 mars 1924, Eluard part sur un coup de tête.
Dès le mois de mai il écrit à Gala : « Tu es la seule précieuse,
je n'aime que toi, je n'ai jamais aimé que toi. Je n'aime rien
d'autre […] je n'ai pensé qu'à toi toutes les minutes de ton
absence. » Après quatre mois de séparation, elle va le rejoindre
à Saïgon accompagnée de Max Ernst. Quelques années plus tard,
Gala et Dali s'éprennent l'un de l'autre sous les yeux d'Eluard.

[Eaubonne ¿] [à la fin] 29 mai [1927]

Ma belle, mon adorée, je m'ennuie de toi à mourir.
Tout est vide, je n'ai que tes vêtements à embrasser.
Ton corps, tes yeux, ta bouche, toute ta présence me
manquent. Tu es la seule, je t'aime de toute éternité.
Toutes les détresses que j'ai subies ne sont rien. Mon
amour, notre amour les brûle.

Quand tu reviendras, je veux te parer merveilleusement. Donne-moi la taille pour les pyjamas (!!!). Je veux
pour toi tout ce qu'il est possible d'avoir, tout ce qu'il y a
de plus beau. Reste le moins longtemps possible absente.
Reviens vite. Sans toi, je ne suis plus rien. Tous les autres
désirs je les réalise en rêve. Le désir que j'ai de toi, je le
réalise dans la réalité. Il absout la réalité.

Gala, mon dorogoï, ma toute aimée, depuis toujours,
pour toujours, reviens le plus vite possible. Rien ne vaut
que nous nous privions ainsi l'un de l'autre. Ici tout va
bien, malgré ma tristesse. […]

Paul ∎

Jean Cocteau
à
Jean Marais

Jean Marais (1913-1998) a fait cette confidence : « Je suis né deux fois, le 5 décembre 1913 et ce jour de 1937 quand j'ai rencontré Jean Cocteau. »

C'est par dessins interposés que Jean Marais découvre, chez un ami, le portrait d'un jeune homme de son âge par un artiste inconnu de lui, et dont on joue une pièce sur les Grands Boulevards : *La Machine infernale*.

Tandis qu'il est dans la classe de Charles Dullin, le jeune éphèbe a l'intention de se faire connaître du dramaturge en passant une audition pour figurer dans *Œdipe roi*.

Lors d'une répétition, Jean Cocteau (1889-1963) lui déclare tout de go : « C'est une catastrophe [...] Je suis amoureux de vous [...] » Ambitieux,

Jean Cocteau

> « *Je me noyais et tu t'es jeté à l'eau sans une hésitation.* »

Jean Marais répond : « Moi aussi », un joli mensonge, selon ses biographes.

D'une beauté solaire, Jean Marais multiplie les amants de passage. Cocteau en souffre tout en ayant l'intelligence de ne pas intervenir au-delà d'une jalousie bien légitime : « Mon Jeannot adoré […] L'idée de prendre barre sur ta merveilleuse jeunesse serait atroce. J'ai pu te donner de la gloire et c'est le seul vrai résultat de cette pièce [*Les Parents terribles*]… Je me suis dit que si je te laissais libre, tu me raconterais tout et que je serais moins triste que si tu devais me cacher la moindre chose […] » Et plus loin : « Pense à mon travail, à nos pièces, à nos projets, à notre ligne droite… Mets en balance mon atroce malaise de te savoir toujours envolé de ta chambre vers ces lieux qui te dégradent sans que tu t'en rendes compte. »

En 1943, c'est le succès éclatant du film *L'Éternel Retour*. Cocteau invente pour son amour le qualificatif de « monstre sacré ». Toute une génération va se coiffer à la Madeleine Sologne, mode dite « à la noyée », et porter des pulls aux dessins jacquard comme Jean Marais.

Malgré les aventures de part et d'autre, les deux artistes restent liés jusqu'à la mort de Cocteau qui évoquait, non pas le fil du téléphone (souvent aux abonnés absents), mais « l'autre fil (le vrai) qui va de ton cœur à mon cœur ».

Mon Jeannot,

Merci du fond de l'âme de m'avoir sauvé. Je me noyais et tu t'es jeté à l'eau sans une hésitation, sans un regard en arrière. L'admirable, c'est que cela te coûtait et que tu ne l'aurais pas fait si ton élan n'était pas sincère. C'est donc une preuve de force que tu me donnes, une preuve que toutes les leçons de notre travail portent leur fruit. La chèvre et le chou n'existent pas en amour et il n'existe pas de petites amours. Tu avais une tendance à croire au système d'André : « On cueille un visage », etc. C'est faux. L'amour, c'est Tristan et Yseult. Tristan trompe Yseult et il en meurt. En une minute tu as compris que notre amour ne pouvait se mettre en balance avec une sorte de regret, de tristesse sans bases. Jamais je n'oublierai ces deux jours et ce terrible 14 Juillet où je cuvais ma chance et où je ne savais plus vivre nulle part. Nous allons retrouver notre île d'amour et notre usine à belles œuvres. Je t'adore.

Écris-moi deux lignes. Tes petites lettres sont mes fétiches.

Jean

Une seule petite bêtise que je te demande. L'attente est pour moi une chose maladive. Si tu rentres très tard, donne un simple petit coup de téléphone que j'entende ta voix. ■

François Mitterrand
à
Marie-Louise

François Mitterrand (1916-1996) rencontre une certaine Marie-Louise Terrasse (1923-1998) au bal de l'École normale supérieure en 1938. Ils sont étudiants en droit et en sciences politiques. Comme il ne sait pas son nom, il l'appelle Béatrice comme celle que Dante aima. On a des Lettres ou on n'en a pas. Mitterrand côtoie François Mauriac et Claude Roy est son ami. Elle est très jeune, très belle, très blonde. Bientôt elle est plus familièrement « mon Zou ». Elle deviendra la speakerine vedette de l'ORTF, de 1950 à 1975, sous le nom de Catherine Langeais. Elle sera si populaire que Jacques Dutronc l'évoquera dans l'une de ses chansons : « Cinquante millions de gens imparfaits, et moi, et moi, et moi, qui regardent

« Mon bonheur
ne dépend
que de toi. »

Catherine Langeais à la télévision le soir. J'y pense et puis j'oublie, c'est la vie, c'est la vie. »

Pendant les deux ans que durera leur liaison, elle lui aurait écrit deux mille quatre cent lettres... et quelques poèmes. Ce chiffre est-il exagéré ?

Dans le même temps, l'amoureux éperdu entretient une correspondance régulière avec les prêtres charentais qui l'ont éduqué – il est né à Jarnac – et il n'hésite pas à leur demander conseil. Il réside alors dans un foyer d'étudiants catholiques situé 104, rue de Vaugirard, à Paris.

Avec Marie-Louise, c'est du sérieux, ils se fiancent. Mais au bout de deux ans, c'est elle qui le quitte. Pour une fois, il n'a pas été maître du jeu.

François Mitterand

Ma fiancée chérie, tu le vois, j'ai peine à me séparer de toi. D'un seul coup, ce vide où je suis précipité loin de toi, m'effraie. Et je tente de continuer notre conversation. J'essaie de croire que tu es là et que tu m'entends. Ce qui rend une lettre si difficile, c'est qu'elle ne peut tenir compte du silence : près de toi, les paroles sont douces, mais pas nécessaires ; il semble que je puis t'exprimer aussi bien mon amour en me taisant. Comment rendre avec des phrases ce qui est si terriblement simple ? Comment te dire que je t'aime alors que je le sens si profondément ?

Quand je pense que je t'aime ainsi, mon Zou, depuis bientôt deux ans, je suis stupéfait. Comment m'as-tu lié si fortement à toi ? Je me croyais insaisissable, je me croyais maître de mes sentiments et maître de ceux des autres avec lesquels je jouais. J'étais indépendant, rebelle, et je le suis encore à l'égard de tout ce qui n'est pas toi. Mais avec toi, quelle honte, ma petite déesse bien-aimée, je ne sais plus distinguer mes désirs des sens. Je suis possédé à l'égard de tout par un sens critique impitoyable, il existe bien peu de faits, d'idées et de sentiments, dont je ne doute à la base, mais avec toi, je n'arrive pas même à faire naître une lueur de pessimisme. Mesures-tu ta puissance ? Je ne puis souffrir à ton gré, mon bonheur ne dépend que de toi, et je ne suis pas malheureux de constater ma dépendance.

Tu ne peux pas t'imaginer comme j'étais fier de te présenter l'autre jour : « Ma fiancée. » C'était étrange et amusant et passionnant, cette entrée de notre amour dans les conventions et les lois de la société et de la famille. J'étais au fond très ému, pour ce premier pas officiel. Et quand tu t'es assise, débarrassée de ton manteau, pour prendre le thé, tout m'est apparu simple, facile et délicieux. J'aime beaucoup le corsage « bruyère pâlie » que tu portais ainsi que ta jupe plissée. Elle te sied à merveille. Cela souligne ton allure très souple, et de façon très gracieuse, surtout quand tu danses.

Est-ce que cela t'ennuie, mon Zou, si je remarque ainsi ce que tu considères peut-être comme des détails, mais pour moi, rien de ce qui te touche n'est un détail ? Je t'aime.

J'ai tant de plaisir à te parler avec abandon, je me suis débarrassé, je crois, de pas mal de théories et d'abstractions. Tu m'as rendu plus simple, plus spontané, tu m'as fait mieux comprendre le bonheur et la manière de le garder.

Je suis sûr d'ailleurs que tu auras une influence primordiale sur toutes les activités de ma vie. Je te l'ai dit, j'ai deux tendances contradictoires (contraires plutôt) qui ne pourront s'accorder pour produire les mêmes fruits qu'à une condition. Lorsque j'obéis à ma fantaisie, je puis fréquenter les domaines les plus divers et m'y sentir à l'aise, mais ces incursions restent souvent stériles à cause de leur diversité ; et lorsque j'essaie de mettre de l'ordre, je deviens esclave d'une sorte de rigueur logique qui tue implacablement la spontanéité et ses richesses. Qui peut donc allier ces contrastes ? Un ordre suffisamment riche par lui-même pour contenir toute la fantaisie et pour dépasser le stade desséchant des constantes intellectuelles. Cet ordre, je l'éprouve encore davantage, ces derniers jours : c'est ton amour. Avec toi, je me sens prêt à toutes les audaces, mais de t'aimer m'impose une sagesse qui me conduit et m'oblige à considérer la vie avec tendresse et avec ordre. En toi, je puis trouver l'explication de tout.Ce qui est merveilleux dans cet amour que j'ai pour toi, c'est que tout ce qui est de toi a le même prix. J'éprouve la même adoration pour ton sourire que pour ta gravité, pour ta gaieté de petite fille, pour ton abandon de femme. De nous deux, c'est toi qui enseignes la compréhension.

Ma petite pêche, j'ai tant de choses à te dire qu'il vaut mieux remettre la suite à plus tard. Écoute-moi pourtant encore.

Je t'aime – je t'aime – je t'aime. Les seuls moments que je désire sont ceux qui m'uniront à toi. Et ma pensée s'attache sur ces minutes encore proches où tu étais près de moi, où je pouvais t'entendre, te voir, te toucher et t'embrasser de toute ma tendresse.

Bonsoir, mon Zou chéri.

François

P.S. : J'ai écrit à ton père (deuxième bureau, S.P.98) par le secteur postal et à ta mère. Ils t'en parleront certainement. Surtout ne t'ennuie pas trop, mon Zou. Sois prudente aussi, car il fait froid. Ne reste pas trop dehors. ■

Maria Casarès
à
Albert Camus

Quand ces deux Méditerranéens, passionnés de théâtre,
se rencontrent en 1944, c'est une complicité immédiate.
Elle est d'origine espagnole ; lui est né en Algérie.
Maria Casarès (1922-1996) et Albert Camus (1913-1960)
sont, alors, embarqués sur le plateau du Théâtre des
Mathurins pour la création du *Malentendu* de Camus.
D'autres pièces suivront, lui auteur, elle interprète :
L'État de siège (1948) et *Les Justes* (1949) avec
Serge Reggiani. L'écrivain et la comédienne partagent
la même ardeur de vivre l'instant dans la plus grande
présence et le maximum d'intensité. Cette liaison
orageuse – Camus la surnomme « Guerre et paix »
– ne prend fin qu'avec la mort accidentelle de
l'auteur de *La Chute*. La lettre qui suit n'a jamais
été envoyée.

« Tout instant à
venir m'est doux
car il se trouve
dans mon chemin
vers toi. »

31 juillet — Je me sens tout entourée par toi. Alors qu'ai-je à souhaiter d'autre ? Non. Il faut que je dorme.

Dors toi aussi. Que fais-tu en ce moment ?

Je vais dormir c'est mieux.

Bonsoir. Pense à moi.

[sans date] Voilà quelques jours déjà que je ne t'ai pas écrit et pourtant je n'ai cessé de penser à toi.

Mais pour être transparente et puisque tu ne liras tout cela qu'un jour lointain et à condition que tu me le demandes, je pense pouvoir te dire sans danger de t'apporter la moindre inquiétude ni le plus petit souci.

Ces derniers jours ont été assez pénibles malgré tous les efforts que j'ai faits pour vaincre les doutes et répondre à toutes les questions qui se sont présentées à mon esprit.

J'ai passé des heures dures de mélancolie et de révolte successivement à en perdre haleine. J'ai eu beau me dire que ça ne pouvait pas, qu'il ne pouvait en être autrement, qu'après tous les jours de bonheur inespérés et suffocants que tu m'avais donnés il fallait de toute évidence qu'une fois seule et loin de toi, trop brusquement après avoir été avec et en toi d'une façon surprenante, il fallait me suis-je répété avec un entêtement de vraie galicienne, une réaction et une réaction qui devait m'emmener vers des pensées et des sentiments injustes, illogiques et sots.

Je ne devrais donc pas leur porter aucune *[sic]* attention. Je t'en fiche ! J'avais tout simplement oublié que l'état dans lequel je me trouvais venait justement du fait de me trouver seule, un peu perdue, déséquilibrée (« désépaulée ») et par conséquent en dehors de toute sagesse et tout raisonnement.

À ce vide que ton départ a laissé en moi est venu s'ajouter l'accomplissement de la promesse que je t'avais faite de dire à JS *[Jean Servais]* clairement où j'en étais.

Tout a été fait ou presque tout. Il connaît mes sentiments vis-à-vis de toi bien qu'il ignore encore notre vie depuis un mois. Je ne lui en parlerai d'ailleurs que si tu l'exiges car je considère qu'il en est étranger et que cela ne le regarde en rien.

Tout s'est passé facilement et doucement. Trop bien. Dès qu'il a su il s'est incliné. Mais de quelle façon !

Aussitôt que j'ai pu me retrouver seule une foule d'idées contradictoires me noya. Des idées dont je te parlerai un jour si tu veux les connaître mais que je n'ai pas le courage d'écrire. En tout cas ce que je peux te dire c'est que tout se révélait contre nous sauf une chose : mon amour tout neuf pour toi, une sorte d'avalanche qui est prête à tout broyer, à tout casser par le seul fait qu'elle se sent trop puissante et qu'il faut de la place pour s'y installer et prendre ses aises.

Le bric-à-brac intérieur mêlé aux dernières choses à faire et aux préparations de départ m'ont privé *[sic]* d'un temps précieux dans lequel j'aurais pu te dire que je t'aime. […]

Bonsoir mon chéri, mon amour, serre moi comme je t'aime, je t'en prie.

Mardi 3 août – Deux jours entiers de passés sans t'écrire mais pas une heure, une pensée, une tristesse vague, un plaisir quelconque, une lecture, une promenade, un lever, un coucher qui ne mènent directement à toi. Est-ce que je souffre de ton absence ⸮ Oui. Est-ce que je suis malheureuse ⸮ Non.

Avec une patience dont je ne me serais crue capable, j'attends. J'emploie chaque jour, chaque heure, chaque seconde qui s'écoule à m'approcher de toi. Tout instant fini me comble de joie par le fait qu'il ne se pose plus entre toi et moi. Tout instant à venir m'est doux car il se trouve dans mon chemin vers toi.

Ce n'est pas je t'assure fausse littérature. C'est en moi comme la faim et le sommeil. Ce n'est pas non plus romantisme. Je ne suis pas le moins du monde altérée et toute ma vie de vacances s'écoule dans un calme de corps et d'esprit qui est nouveau pour moi.

C'est tout simplement que je t'aime et que tu sois près ou loin, tu es toujours là partout et que le seul fait que tu existes me rend pleinement heureuse. [...]

Ah ! Mon chéri, ne me laisse plus jamais. Maintenant c'est très grave. Je veux me faire, je peux devenir quelque chose si tu es là. Seule je me sens incapable du moindre effort. Et ce sont là les dernières choses que je te dirai sur moi. Mon sort est désormais réglé. [...]

Jeudi 5 août – [...] Je passe mon temps à essayer d'inventer des moyens d'attendre sans t'ennuyer et j'espère de tout mon cœur qu'à chaque fois que j'en trouverai un, même le plus bête, tu comprendras et tu ne m'en voudras pas.

Je t'aime. Je te demande pardon pour toutes ces histoires. Mais rends-toi compte que je suis loin et seule et toute tournée vers toi.

Je t'aime ■

Marlene Dietrich
à
Jean Gabin

Marlene Dietrich (1901-1992) et Jean Gabin (1904-1976) forment ce que l'expression stéréotypée appelle un couple mythique.

Mais s'aimer n'est pas tout, encore faut-il partager les mêmes objectifs pour mener une vie commune. La lettre qui suit correspond à la période heureuse d'un couple d'acteurs au sortir de la Seconde Guerre mondiale. Ils s'étaient rencontrés un soir de juillet 1941 dans un cabaret new-yorkais « La Vie parisienne ». Marlene est « l'ange bleu » de Josef von Sternberg. Gabin est « Pépé le Moko » de Julien Duvivier. Elle multiplie les liaisons, la dernière en date étant l'auteur de *À l'Ouest rien de nouveau* : Erich-Maria Remarque. Lui est associé, aux yeux du public, à Michèle Morgan. Tous deux ont un point commun : ils sont exilés aux États-Unis ; elle pour échapper au nazisme, lui pour fuir Paris occupé. Chacun à sa manière prend part au conflit, Gabin en s'engageant comme canonnier sur un escorteur, Marlene en participant à l'USO, le service artistique de l'armée américaine : elle fera sensation avec sa robe pailletée et moulante sur le théâtre des opérations.

Marlene Dietrich

En juillet 1945, Gabin est démobilisé, il prend une chambre au Claridge. C'est là que Marlene le rejoint quelques semaines plus tard. Quand elle lui écrit, pour plaire à son Jean, « la grande », comme il la surnomme affectueusement, est prête à passer du rôle de diva à celui de petite fée du logis. Car Gabin ne rêve que d'une vie tranquille avec femme et enfants dans son pays natal. Mais Marlene est toujours mariée à Rudolf Sieber (épousé en 1923) dont elle a une fille. Non seulement elle n'est plus en âge de procréer, mais elle n'est pas prête à quitter Hollywood.
Gabin se mariera en mars 1949 avec la jeune mannequin Colette Mars dont il aura trois enfants.
Marlene finira ses jours dans un appartement de l'avenue Montaigne, en face de la chambre de l'hôtel où ils avaient été heureux.

Mon ange,

Tu es complètement fou – et tu me rends folle avec tes doutes. Dans ma dernière lettre, je parlais de mon divorce à moi, bien sûr. Je pense que le meilleur moment sera après le film. Rudi va essayer de trouver un travail à Paris. Il est tout à fait d'accord pour le divorce – c'est plutôt l'idée qui le choque – et je dois dire qu'elle me choque aussi. Simplement l'idée, c'est tout. Nous sommes si bourgeois, au fond. Nous avons décidé de ne pas y être présents et de tout faire faire par des avocats, si possible. S'il te plaît, trouve quelles sont les raisons les plus dignes pour obtenir un divorce en France.

Le Claridge est très bien si tu récupères mes affaires au Ritz, parce qu'il me faut des vêtements chauds pour aller voir ma mère tout de suite. J'espère que tu comprendras cela – après, je serai toute à toi. Je resterai avec toi jusqu'à la fin de ma vie – mariée ou pas, comme tu le voudras. Mais si tu veux un enfant, il vaut mieux qu'on se marie.

J'espère que tu as reçu les choses que je t'ai envoyées de chez O'Hara. Il n'y a plus beaucoup d'avions maintenant et on n'a pas le droit d'envoyer des choses comme des vêtements en France. Incroyable mais vrai. Mais c'est possible pour la Hollande. J'emmène des vêtements pour un bataillon et des bottes pour l'hiver. André, au lieu de m'apporter ton maquillage, l'a envoyé directement. C'était avant que je sache qu'on a seulement le

> « Je resterai
> avec toi jusqu'à
> la fin de ma vie
> - mariée ou pas,
> comme tu
> le voudras. »

droit d'envoyer de la nourriture en France. Alors je lui ai dit de m'apporter un autre jeu de maquillage, pour que je puisse le prendre avec moi. Jack Pierce d'Universal m'a donné tout le maquillage dont je pourrai avoir besoin et j'amène aussi l'huile démaquillante. J'aurai aussi du savon et des stylos, des lames de rasoir et de l'huile d'olive. J'ai passé la journée à faire les bagages et s'il faut que je paye une amende, tant pis. J'en ai besoin pour le film. M'aimes-tu toujours, mon ange ? Que se passe t-il avec ton appartement ? Si tu n'arrives pas à l'avoir, je n'ai peut-être pas besoin d'amener tout le linge. Je suis inquiète pour mon visa – il y avait écrit « sans permis de travail » sur le formulaire. Si tout se passe bien, je partirai le 10 septembre *par avion*. Je t'enverrai un câble avant.

Je t'embrasse comme toujours mon ange – je t'aime.

Ta grande ■

Maria Callas à Giovanni Battista

Maria Callas (1923-1977) rencontre Giovanni Battista
Meneghini à Vérone, en 1947. Immédiatement attiré
par la jeune femme, qu'il n'a jamais entendu chanter,
il lui propose de l'aider dans sa carrière en échange de
son affection. Elle hésite.

Il va lui écrire des lettres enflammées pendant quelques
mois et le 22 septembre, elle lui adresse enfin sa première
lettre. Il y en aura des centaines d'autres car, amoureuse,
elle est saisie d'une rage d'écrire. Ils se marient
le 21 avril 1949 et Maria Callas part quelques heures
plus tard pour une tournée en Amérique du Sud.
Quand elle écrit cette lettre à son mari, Maria Callas
vient juste de se marier et n'est pas encore la diva
que nous gardons à l'esprit.

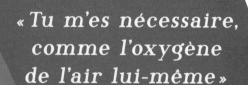

« Tu m'es nécessaire,
comme l'oxygène
de l'air lui-même »

María Callas

Après la première d'*Aïda* lors d'une grande tournée en Amérique latine, elle est très critiquée. La presse dénonce un « dramatisme exacerbé », des stridences « excessives », et la fatigue d'une voix « surmenée ».

C'est plus tard que Luchino Visconti parlera d'elle comme de « la plus grande tragédienne depuis la Duse », dans la mesure où elle brise les cloisons entre les rôles et les voix, se révélant autant comédienne que chanteuse.

Comme c'est le cas pour les grands artistes, elle est prise en tenailles entre les contrats et la vie privée, entre les exigences d'une carrière et les élans de la vie amoureuse. De culture grecque, Maria Callas rêve d'une maison avec « son homme ». On peut dire que la Callas a payé de sa personne ; sa carrière de diva a une dimension sacrificielle. Il ne s'agissait pas de rater le fameux contre-ut à cause d'un refroidissement. Il lui fallait sans cesse se montrer au plus haut niveau.

Un jour, passant devant la façade du Palais Garnier, à Paris, elle a dit à quel point elle haïssait ce métier qui exigeait tant d'elle.

Mon cher Tita-mon trésor,

C'est minuit maintenant. J'ai bu 3 grands verres de Cognac et miel, deux café-aspirines et je vais rester au lit en essayant de me sentir *ivre* pour dormir et transpirer. J'ai une terrible grippe, tu vois. Je suis sûre qu'*aucune personne* grippée comme moi pourrait non pas chanter mais juste ouvrir la bouche. Je n'ai pas eu de chance. J'avais raison de redouter le bateau. Tu te souviens que je te disais : « Ne me laisse pas ! » Tu dois admettre que j'ai une âme super sensible qui pressent certaines choses. Je sentais que je souffrirais dans ce bateau !

J'étais au lit comme maintenant et je lisais tes lettres comme d'habitude et j'ai ressenti le grand besoin de t'écrire pour me sentir plus proche de toi !

Chéri, mon chéri, comme tu me manques. Pourquoi dois-je toujours avoir l'*âme en peine* alors que je ne demande que d'être près de toi, de mon maître, de mon homme, de mon amour, de ma consolation, de mon cœur et de mon cerveau, de ma nourriture, de tout, parce que tu es tout. Je ressens toujours que, plus le temps passe, je me convaincs que tu es mon âme parce que tu es le seul qui aies pu me comprendre, qui me comprends et me rends heureuse !

Chéri, je commence à perdre patience. Je ne peux plus rester sans toi. Tu m'es nécessaire. Comme toi, tu le dis, comme l'oxygène de l'air lui-même.

Chéri, je ne sais plus comment faire sans toi. Je ne sais plus lutter et je n'entends plus raison. Tu es mon mari (cela me fait pleurer de bonheur et d'orgueil de penser ce que tu es pour moi !) et je ne pars plus au loin sans toi. Je ne mérite pas de souffrir ainsi ! Je veux t'adorer, être à tes côtés, te caresser, te réconforter, te faire rire de mes bêtises, avoir notre maison en ordre pour te recevoir, mon amour, mon homme ! Bien m'habiller, me faire belle pour toi ! Pas pour les autres. Te faire fête, tu sais. Te téléphoner quand j'en ai assez, me défouler quand j'ai mes nerfs, et toi, d'une phrase, tu me feras rire et tout passer. Je veux me mettre tout à côté, à ma place, t'entendre, te voir profiter de ton journal et des *petits riens* !

Chéri, je n'en peux plus. Et en plus je suis malade. Et je le suis tu sais. Je ne voulais pas te l'écrire mais quand tu recevras cette lettre, la « *première* » sera passée. Que Dieu m'assiste !

Chéri, écris-moi beaucoup, je t'en prie ! Cela fait deux jours que je ne reçois rien et je suis humiliée. C'est vrai que tu écris souvent mais pas beaucoup. Par ration. Tu ne me vois pas ! Bien sûr, je sais que je dis toujours les mêmes choses et que tu les prends peut-être pour des idioties mais je les ressens tellement. J'aurais tant de tendresse à te donner ! Tellement ! Tu sais ! [...]

Chéri, je te laisse pour ainsi dire, car tu peux bien imaginer combien je suis près de toi !

Aime-moi, pense à moi et adore-moi autant que moi !

Écris, mange, dors, et ne t'énerve pas car ça n'en vaut pas la peine. Tu dois aller bien. Je veux trouver un *taureau* ! !

Je t'offre tout, tout, tout, comme toujours, et encore davantage.

Ta Maria ■

Éδith Piaf
à
Marcel Cerδan

« Le ciel bleu sur nous peut s'effondrer
Et la terre peut bien s'écrouler
Peu m'importe si tu m'aimes
Je me fous du monde entier »

L'Hymne à l'amour.

Cette chanson, Édith Piaf (1915-1963) l'a écrite pour son grand amour : le boxeur Marcel Cerdan (1916-1949).
La lettre qui suit est particulièrement émouvante : nous savons que dans quelques mois, l'avion reliant Paris à New York va heurter le pic Redondo d'une île des Açores et sombrer dans l'Atlantique.
Cerdan est à son bord. Il voulait prendre le bateau mais dans son impatience de le retrouver, Piaf a insisté pour qu'il vienne la rejoindre en avion.
L'Amérique : c'est là qu'ils se sont rencontrés en 1948, et aimés « déraisonnablement, anormalement, follement ».
Les lettres sont d'autant plus importantes que les amants sont souvent séparés pour des raisons professionnelles.
Pour Édith, cet éloignement est insupportable.
À un moment où Marcel se trouve à Casablanca, alors qu'elle est à Paris,

elle envoie sa secrétaire faire des allers-retours dans la journée
pour lui remettre, en mains propres, une lettre, à laquelle
il se doit de répondre sur le champ et ce pendant plusieurs jours
car « les maudits postiers peuvent paumer les lettres »...
Que Piaf soit possessive ne nous étonne pas. Pourtant, tandis
qu'elle a contraint les hommes à tout quitter pour elle, cette fois
ce n'est pas le cas : elle tient à éviter de perturber une famille ;
en effet, Cerdan est marié et a trois fils restés à Casablanca.
Prête à renoncer à une tournée pour rester avec Cerdan, Piaf a
tenu à chanter après avoir appris la terrible nouvelle... « *The show
must go on* ». Et *L'Hymne à l'amour* se termine ainsi. « Dieu réunit
ceux qui s'aiment ».

Édith Piaf

Mon adoré,

J'ai tant de choses à te dire et puis tout se bouscule. Et je me rends compte à chaque fois que je termine une lettre, que j'avais encore mille trucs à écrire et que c'est encore une fois trop tard. La seule phrase que je n'oublie jamais c'est que je t'aime de plus en plus et que je suis complètement folle de toi. C'est vrai, mon adoré, je m'habitue de moins en moins à nos séparations et mon cœur se déchire à chaque fois un peu plus. Je t'aime si profondément, si fort dans moi, je suis imprégnée de toi et n'ai qu'une idée : te rendre heureux. Je serais capable de *tout* pour ton bonheur. Si tu savais les idées qui me traversent la tête, j'ai tant peur que tu aies de la peine à cause de moi, je ne veux jamais être une entrave à ton cœur. Quand je m'aperçois, mon amour, la place que tiennent dans ton cœur tes trois petits, j'ai envie de partir très loin me disant que peut-être un jour tu me seras reconnaissant de l'avoir fait. Ta vie est si solidement bâtie sur des choses que tu as voulues et construites toi-même, que des fois, j'ai des peurs atroces. Oh, chéri, Dieu m'est témoin que dans cette histoire, je ne demande rien, que je suis prête à tout sacrifier. Mais jusqu'à quand pourrons-nous vivre ainsi. Une lettre, un téléphone, une stupide coïncidence peut nous trahir et alors... ¿ Que deviendrons-nous ¿ Quelle sera ta réaction ¿ As-tu pensé à toutes ces choses ¿ Il le faut pourtant, car je ne veux pas qu'un jour, tu me gardes une rancune de ce qui peut advenir ! Cela devient de plus en plus difficile pour nous et mon cœur tremble à chaque minute ! Je veux que tu penses à nous froidement, que tu regardes bien au fond de toi et savoir aussi les responsabilités à envisager au cas où... !

[...] Comment es-tu ؟ Je suis si inquiète, tu me fais trembler tout le temps. Peut-être en Amérique, allons-nous enfin être heureux. Chéri, je t'aime tant, tu ne peux savoir à quel point, tout au monde pour toi je ferais. Je me jette dans tes bras que j'adore, je t'appartiens, tout petit adoré que j'aime. Serre-moi fort contre ton cœur, empêche-moi de respirer et dis toi que rien au monde ne compte plus pour moi que toi, je te le jure sur ma voix, ma vie, mes yeux. Chéri, chéri, j'aimerais passer toute ma vie à tes pieds et te servir. Tu es si merveilleux et je t'admire tant. Momone et Loulou t'embrassent, quant à moi je te fais ce que tu veux. Moi petite.

Édith Piaf ■

« Je suis prête
à tout sacrifier. »

Simone de Beauvoir
à
Nelson Algren

Le 24 janvier 1947, Simone de Beauvoir (1908-1986)
s'envole pour New York avec le projet d'y rester quatre mois.
Comme elle ne souhaite pas vivre aux États-Unis en simple
touriste, une amie lui conseille de prendre contact avec
un certain Nelson Algren, romancier. Elle se rend, donc,
à Chicago où vit ce « prolétaire des Lettres », né à Détroit
en 1909. Ce « jeunot du cru », comme le surnomma l'auteur
des *Mémoires d'une jeune fille rangée*, d'une année
seulement son aînée, a pour amis des drogués,
des putains, des voleurs. Il vit dans une baraque.
Le moins qu'on puisse dire, c'est qu'il n'appartient pas
à la bourgeoisie intellectuelle. Très éprise, Beauvoir,
de retour en France, lui écrit « Ma vraie vie et chaude
place est contre votre cœur aimant. »
De son côté, Sartre s'est amouraché d'une Dolorès.
Beauvoir n'y tient plus, elle retourne à Chicago et
y demeure du 9 au 23. Elle retrouve son romancier,
fort de l'expérience brute de l'*underground*,
ni philosophe, ni penseur, mais plein d'humour.
Il lui propose de rester définitivement ensemble.
De retour à Paris, elle lui écrit le 26 septembre :
« Je ne pourrais pas vivre uniquement
de bonheur et d'amour, je ne pourrais renoncer
à écrire et travailler dans le seul lieu du monde
où mes livres et mon travail ont un sens. »

Mais son attirance vers cet homme, pour elle si atypique, est trop forte. En juillet 1948, elle retourne à Chicago. De retour en France, elle se reprend et lui écrit le 19 juillet : « Ce n'est pas par manque d'amour que je ne peux rester vivre avec vous. Et même je suis sûre que vous quitter est plus dur pour moi que pour vous. [...] je ne pourrais vous aimer, vous désirer davantage, vous ne pourriez me manquer davantage. Mais ce que vous ne savez pas, c'est à quel point Sartre a besoin de moi. [...] Je suis sa seule véritable amie, la seule qui le comprenne vraiment. »

Quand elle s'annonce, une fois encore, à Chicago, Algren lui envoie ce télégramme laconique : « *No, too much work* » (« Non, trop de travail »). Une lettre suivra avec cette explication : « Des bras n'ont aucune chaleur quand ils se trouvent de l'autre côté de l'océan. » Ils se reverront encore en 1949 quand Algren sera de passage ; et en 1951, quand Beauvoir, de retour d'Islande, fera une halte à Chicago.

Cette relation par étapes trouvera un arrêt définitif quand Algren écrit : « Je tiens beaucoup à ma vie. Ça ne me plaît pas qu'elle appartienne à quelqu'un de si lointain, quelqu'un que je vois seulement quelques semaines par an. » Il aspire à un foyer avec épouse et enfants. Pour Beauvoir, ne restait plus qu'à tirer un trait. C'en est fait de « l'amour transatlantique ». Il lui reste ceci d'essentiel pour son œuvre : « une façon absolument neuve de saisir le monde ».

Et aussi cette expérience cruelle : « le pacte » avec Jean-Paul Sartre, autrement dit la revendication des « amours contingentes », n'est pas si facile à assumer.

Et, de toutes manières, « on » ne quitte pas Sartre...

Nelson, mon amour. Je veux vous écrire une lettre d'amour, ce dont je n'abuse pas, non plus que des télégrammes, car je sais que vous ne les aimez pas beaucoup. Mais je n'ai pas oublié quel ange vous avez été l'an dernier quand j'ai désiré aller à Amalfi : « Allons-y pour *me* faire plaisir. » « Bon, d'accord ! », avez-vous acquiescé, à moitié contrarié mais avec un gentil sourire. Eh bien j'écris pour *me* faire plaisir. Je vous aime si fort, il faut que je vous le dise. Pourquoi m'interdirais-je un peu de sotte sentimentalité ? Peut-être à cause de la date (10 mai), peut-être à cause du printemps parisien, pareil à ceux d'autrefois, ou de la photo de l'écureuil, peut-être à cause de vos lettres, un peu de folie m'habite, comme parfois dans vos bras par temps orageux, quand je vous aime trop, et que vous dites : « En voilà du propre ! » Oh Nelson, je pleure comme le 10 septembre quand vous avez repris l'avion, est-ce de joie ou de peine, parce que vous vous rapprochez (deux mois, six semaines) ou parce que vous êtes tellement loin ? Ce soir vous dire la force de mon amour paraît essentiel, comme si je devais mourir au matin. Vous pouvez me comprendre, je le sais, bien que soi-disant vous ne perdiez jamais la tête, que vous gardiez soi-disant tête et cœur froids et ordonnés.

Sottise, bêtise, bien sûr, de ma part. Vous avez trop de modestie pour découvrir en vous la moindre justification d'un pareil amour, mais il existe. Quand je vous ai déclaré que je vous « respectais », quel ahurissement vous avez manifesté ! C'était vérité, pourtant, ça l'est toujours. La conscience involontaire et soudaine de *qui* vous êtes me submerge le cœur, ce soir, d'une sauvage marée. Ne me répondez pas que Mme Roosevelt sait qui vous êtes, que votre éditeur, que votre agent le savent, personne sauf moi ne le sait. Car je suis le seul lieu sur la terre où vous êtes authentiquement vous-même ; vous l'ignorez vous aussi, chéri, sinon vous tourneriez insensiblement à l'odieux. Moi je sais, et à jamais. Vous êtes doux à aimer, Nelson, laissez-moi, sottement, vous remercier.

Assez d'absurdités. Pleurer de loin est mauvais. S'il vous plaît Nelson, essayez de sentir, de connaître l'intensité de mon amour. Je souhaite ardemment vous donner quelque chose qui vous rende heureux, qui vous fasse rire. Je vous veux et je veux que vous le sachiez. Que vous sachiez combien merveilleux et beau vous êtes dans mon cœur, et que ça vous fasse plaisir. Vous m'avez donné bonheur et amour, jeunesse et vie. Pour vous remercier suffisamment il me faudrait être heureuse, aimante, belle, jeune et vivante pendant dix mille ans. Et tout ce que je peux faire, c'est pleurer dans ma lointaine chambre, mes bras resteront froids, eux qui ont tant besoin de vous communiquer leur chaleur. Ça va être si long avant que je m'abolisse dans vos bras. Personne ne vous a aimé, ni ne vous aimera comme je vous aime, sachez-le. Oh dieu, en voilà du propre ! Oubliez tout si ça vous offense, c'est sûrement la plus bête lettre que je vous aie jamais écrite. Mon cœur souffre ce soir, il souffre, je ne dormirai pas. Après tout, rien dans ces lignes n'est insultant, n'est-ce pas ?

Nelson, Nelson.

Votre Simone ∎

Jean-Paul Sartre
à
Simone de Beauvoir

Quand des étudiants doués se rencontrent, c'est pour préparer l'agrégation... Simone de Beauvoir (1908-1986) et Jean-Paul Sartre (1905-1980) se retrouvent dans la chambre de ce dernier, à la Cité universitaire du boulevard Jourdan, à Paris. Ils sont tous les deux reçus à l'agrégation de philosophie, mademoiselle Simone Bertrand de Beauvoir distançant de peu Sartre. Elle est brillante, bosseuse, et c'est à l'un de leurs condisciples, René Maheu, qu'elle doit son surnom de « Castor », en référence au « *beaver* » qui, pour les Anglais, est symbole de travail et d'énergie. La première impression de l'auteur de *La Nausée* a été celle-ci : « sympathique, jolie, mais mal habillée ».

« Vous m'avez rappelé
ce que c'était que
le vrai bonheur. »

Chacun sera nommé professeur, elle à Marseille, puis à Rouen, lui au Havre. Mais l'enseignement ne les enthousiasme ni l'un ni l'autre. Et ils n'aiment ni la vie de province, ni leurs collègues. Sartre a postulé pour être lecteur au Japon. Il n'obtient pas le poste, mais il invente, en bon philosophe, deux concepts : celui d'« amours nécessaires » et d'« amours contingentes » puisqu'il pense en termes d'éloignement géographique.

Un nouveau code amoureux qui fera florès en 1968, la relation privilégiée et les amours périphériques. Il impose ses lois : voyages, polygamie, transparence. Au cours de l'été 1939, Sartre se montre particulièrement graphomane ; il écrit à ses « périphériques » : Manuela, Lucile, Martine (une élève du Castor), n'hésitant pas au nom de la « transparence » à écrire à Simone : « Nous nous sommes tripotés sans aucune parole, sans coucher avec elle, j'ai "tout" fait [...] Une langue comme un mirliton qui se déroule à n'en plus finir et va vous caresser les amygdales. »

L'humour fait passer la pilule. Aussi, entretient-il un petit harem à distance.

Mais c'est à Simone qu'il accorde une plage de quinze jours de suite... écrivant tous les jours à toutes les absentes.

Mon charmant Castor

Comme c'était triste hier soir de laisser cette petite personne toute seule dans le noir. Un moment j'ai eu l'idée de retourner et puis j'ai pensé : « À quoi bon ? Ça sera cinq minutes et puis après ça sera plus dur de se séparer. » J'ai marché très vite jusqu'à l'école, je savais tout le temps que cette chère petite personne était encore là, à cinq cents mètres de moi, ça m'a empêché de lire tout un grand temps. Mais vous savez, au fond, j'étais profondément heureux. Vous comprenez, ça m'avait secoué, ces cinq jours, secoué dans ma vase et puis j'y retombais, mais c'est formidable tout ce que ça m'a donné. D'ailleurs ça m'a donné une seule chose, tout simplement mais que rien ne peut valoir, votre présence toute seule et toute nue et vos petits visages et vos tendres sourires et vos petits bras autour de mon cou. Mon amour c'est bien vrai, ce qu'on disait souvent, que je pourrais vivre avec vous n'importe où. Après ça j'étais un peu inquiet, pas bien sûr de moi et puis je me demandais qu'est-ce que vous deveniez, si tout marchait bien pour vous ; j'imaginais ce train noir et froid. Les acolytes étaient là, agaçants et complices. Pieter m'a demandé en mimant l'air détaché et en barbouillant les mots dans sa bouche, par discrétion (il était d'ailleurs seul avec moi) si vous étiez partie. J'ai écrit un peu dans mon carnet et puis on a été se coucher. Mme Vogel nous avait déménagés. Nous sommes à présent dans un salon en noyer qui ressemble un peu à celui du Bel Eute mais avec des couleurs plus criardes. On nous a dressé là un lit qui semble fort déplacé. Paul tremble de casser des potiches, coquillages, bonbonnières ou bibelots dont la salle regorge, dans son sommeil ambulant. Mais il a été très sage. Ce matin il est parti pour chercher des tubes d'hy-drogène avec Pieter et je suis resté seul tout le jour. J'ai été à la Rose, vers sept heures moins le quart et la grosse vieille m'a dit en ricanant : « Ha ! Ha ! vous êtes seul ! » J'ai lu *Un rude hiver*, suite et fin qui m'a déçu. D'ailleurs il n'y a pas là de quoi faire un livre. Ça doit être tronqué j'imagine. J'étais tout enveloppé de tendresse mais je ne voulais pas m'y laisser aller, c'est pernicieux. Tout de même je me demandais tout le temps si vous aviez bien senti combien profondément je vous aime et ce que vous êtes pour moi. Ô mon charmant Castor, je voudrais que vous sentiez mon amour aussi fort que vous sentez le vôtre. Je suis revenu et toute la matinée j'ai gratté sur mon petit carnet. Mais pas sur ce qu'on avait dit ; au fond c'est tellement simple : j'ai été profondément et paisiblement heureux et maintenant je ne *veux pas* avoir de regrets, voilà tout ce qu'il y aurait à dire. J'ai senti toute la journée que j'étais en état de regarder ma situa-tion avec un œil neuf mais je fermais soigneusement cet œil-là. À présent, à force d'être fermé, comme l'œil de la taupe il s'est résorbé. Voilà ce que je n'ai pas écrit. Mais j'ai continué de 9 h à 11 h (après un sondage exécuté seul avec Keller) à coucher sur le papier des considérations sur mon adolescence – et puis encore un peu au Cerf (où on m'a posé les questions polies qui s'imposaient) de 11 h à 12 h. Puis j'ai déjeuné (du veau, en signe de deuil – on me proposait aussi des salsifis mais je n'ai pas voulu pous-ser le deuil jusque-là et j'ai obtenu des pommes sautées) et Mistler est venu avec Courcy. Appel. Puis j'ai encore gratté le papier jusqu'à maintenant. Paul me dit que sa femme est institutrice à 7 kilomètres de Tréveray et qu'elle est très serviable. Vous n'avez donc qu'à m'écrire ce que vous voulez. Voilà. Pas de lettre de Tania – elle doit râler, je serai curieux de connaître le dénouement de cette histoire. Une aimable lettre de ma mère. C'est tout, ça fait lendemain de fête, c'est une lettre de vous que j'aurais voulu.

Mon cher amour, ma petite fleur, on n'a fait qu'un, n'est-ce pas ? Je vous aime si fort, si fort et je le sens si bien. Vous avez été un petit charme et vous m'avez rappelé ce que c'était que le vrai bonheur. Je vous embrasse sur vos deux petites joues. ■

Simone de Beauvoir

James Dean

à

Barbara Glenn

Voici l'une des lettres mises en vente aux enchères chez
Christie's le 23 novembre 2011, à Londres. Elles sont
adressées à l'actrice Barbara Glenn, qui fut la compagne
de James Dean (1931-1955) pendant deux ans.
Il ne cache pas sa fragilité et sa hantise de la mort.
Ne lui prête-t-on pas cette formule : « Vivre vite, mourir
jeune et faire un beau cadavre » ?
Le 8 mars 1954, il quitte New York pour Los Angeles,
où commence le tournage du film d'Elia Kazan
À l'est d'Éden d'après John Steinbeck. La même
année, il joue dans une pièce tirée du roman
d'André Gide : *L'Immoraliste*.

« *Je t'aime toi
et veux te voir.* »

Retenons de lui cette image d'acteur apprécié par François Truffaut : « Son jeu contredit cinquante ans de cinéma. Chaque geste, chaque attitude, chaque mimique est une gifle à la tradition. James Dean ne met pas en valeur son texte avec force sous-entendus comme Edwige Feuillère. Il ne le poétise pas comme Gérard Philipe. Il n'est pas soucieux de montrer parfaitement ce qu'il dit. Il joue autre chose que ce qu'il prononce, il décale toujours l'expression et la chose exprimée. Le jeu de James Dean est plus animal qu'humain. C'est en cela qu'il est imprévisible. »

Il aime la vitesse et quand il se rend à une course de voitures, en compagnie de son mécano Rolf Wütherich, l'imprévisible arrive : James Dean se tue, à 24 ans, au volant de sa Porche 550 Spyder.

James Dean

Ma très chère Barbara,

Je n'aime pas cet endroit. Je n'aime pas ces gens. J'aime ma maison (New York), je t'aime toi et je veux te voir. Faut-il toujours que je sois malheureux ? Je fais tout pour qu'on me rejette. Pourquoi ? Je n'ai pas envie d'écrire cette lettre. Je ferais mieux de me taire. «La vache ! Je suis sacrément grave.»

Je suis arrivé ici jeudi, parti dans le désert samedi, à San Francisco quelques semaines plus tard. JE NE SAIS PLUS OÙ JE SUIS. J'ai loué une voiture pour deux semaines et ça m'a coûté 138 $. JE VEUX MOURIR. J'ai dit à [mots barrés] et à cinq autres dans son genre d'aller se faire voir et quelles salopes puantes, amorphes et stupides elles étaient. JE N'AI COUCHÉ AVEC PERSONNE. Et je ne le ferai pas avant la fin du film et mon retour sain et sauf à New York (ça c'est une bonne petite ville) ça paraît incroyable mais c'est la vérité je le jure. Alors mets tout en suspens, arrête de respirer, arrête la ville, tout New York jusqu'à ce que (sonnez trompettes) James Dean revienne.

La vache ! Je suis sacrément grave. J'ai pas de moto, j'ai pas de copine. CHÉRIE, merde, on dirait qu'écrire en majuscules n'arrange rien non plus. Pas encore trouvé d'endroit où vivre, je suis toujours chez mon père – CHÉRIE. Kazan m'a envoyé ici pour prendre des couleurs. Je n'ai pas encore vu le soleil (ciel gris et brume). Il voulait que j'aie bonne mine. Je ressemble à un pruneau. Ne t'en-fuis pas de chez toi trop jeune ou tu devras prendre des vitamines pour le restant de ta vie. J'aurais aimé que tu cuisines. Je rentre bientôt. Écris-moi s'il te plaît. Je suis triste la plupart du temps. Affreuse solitude n'est-ce pas. (J'espère que tu meurs) PARCE QUE MOI OUI.

Avec amour,

Jim {Brando Clift} Dean ■

Marlon Brando à Tarita

Voici une lettre de Marlon Brando (1924-2004) à sa compagne polynésienne, tout à fait inattendue de la part d'un homme aussi fantasque. On ne l'attendait pas en papa poule. C'est en 1960, à l'occasion du casting à Papeete des *Révoltés du Bounty*, qu'ils sont mis en présence l'un de l'autre. L'équipe était, alors, à la recherche d'une jeune fille indigène. Tarita Terripaia est choisie. Elle hésite longtemps avant de céder à celui qui a une réputation de coureur de jupon. En mai 1963, Tarita donne naissance à un garçon, Teihotu. Plus tard, en 1970, ce couple par intermittences aura une fille, Cheyenne, au destin tragique. L'attachement de Brando à la Polynésie ne se démentira pas. Il achète un atoll dans le Pacifique et il restera en contact avec Tarita jusqu'à sa mort.

« Tu es avec moi en mes pensées toujours, avec le petit bébé. »

Eté 1963

Ma cher[1] petite Tarootu,

Tout d'abord je t'embrasse bien fort et le petite chose là que nous avons fait. Je suis tellement fier de toi. Comme j'ai regretté que je ne peux pas été avec toi pour t'aider et tenir ta main à ce moment-là. Tu as fait une chose belle, la plus belle chose qu'une femme peut faire. Je suis très heureux. ça m'étonne que quand tu as accouché il a été si vite. Une demi-heure, Léo m'a dit. Est-ce qu'il me ressemble ⸮ Qu'est ce qu'il a comme yeux, cheveux, peau ⸮ J'espère qu'il a ton couleur parce que tu sais que j'aime pas les blanc tahitiens. Je suis tellement anxieux pour le voir. Il faut que tu m'envoies une jolie photo de lui comme ça [suit un portrait dessiné à la plume]. Est-ce qu'il a des yeux chinois.

S'il vous plaît, dis-moi la note pour la maternité et toutes les dépenses, je vais t'envoyer de l'argent pour tout ça.

Je vais arriver vers le 14 de juillet. Le moment que je finis mon travail, j'arriverai. Je veux que cette lettre arrive avec l'avion, jeudi, et c'est mieux que je m'arrête maintenant pour être sûr.

Tarita, tu es vraiment la Reine maintenant. Tu es avec moi, en mes pensées toujours, avec le petit bébé. Je vais te voir bientôt maintenant.

Je t'embrasse tendrement, j'ai adoré ta lettre.

Tout mon amour, à toi et lui,

Marlon

P.-S. Alice t'embrasse et tout le monde est heureux. ∎

1. La lettre a été écrite directement en français par Marlon Brando, nous la reproduisons ici dans sa version originale.

Lexique insolite
de la déclaration amoureuse

Ce lexique insolite raconte une petite histoire de la déclaration amoureuse. Mots doux, mots passionnés sont les expressions des élans du cœur dans la correspondance.

Les douces prémices

Niaiserie d'amour

Impossible d'échapper aux commencements. Ce sont eux qui, littéralement, entrent dans le vif du sujet. Non seulement les premiers mots sont mis en valeur de par leur place, au beau milieu de la lettre, mais ils donnent le ton de la suite : distant, retenu, précieux, familier, obscène. Ils sont révélateurs du degré d'affection, d'intimité, de culture du correspondant. Ils s'introduisent dans la sensibilité, le cœur, l'imaginaire du destinataire.

Si la relation n'en est qu'à ses débuts, ils s'emploient à *briser la glace*.
Si au contraire, les barrières sont levées, il est loisible *d'entamer le morceau* plus ou moins hardiment.

Plusieurs registres sont à disposition, outre **les grands classiques** : *ma chérie, ma bien-aimée, mon adorée* (à mettre aussi au masculin), **les régressifs** : *mon loulou, ma tototte*, sans oublier *ma Juju* (Victor Hugo à Juliette Drouet qu'elle appelait *mon Totor*).

Le stock de ces « niaiseries d'amour, des petits mots bêtes et délicieux » comme les qualifiait Maupassant, est inépuisable.

☛ **Le registre animalier** est le plus fréquemment utilisé et, souvent, unisexe : *mon chat, mon chaton bleu, mon lapin*.
Un arrière-plan symbolique peut jouer :
Ma colombe : les Anciens en avaient fait l'oiseau favori de Vénus ; en outre, avec dans son bec un rameau d'olivier, elle représente la paix.
Ma fauvette : à la Belle Époque, une fauvette était une chanteuse à la voix agréable, à l'opposé de la « petite oseille », à la voix acide.
Mon colibri : cet oiseau-mouche est charmant ; les Brésiliens le nomment « baija-flor », baise-fleur, ce qui autorise un discret sous-entendu.
Mon oiseau des îles : pour une jeune personne qui aime

les colifichets et « la mascarade féminine » comme disait Jacques Lacan.

Mon petit bout de petun : réservé à un fumeur impénitent. Le petun est un oiseau qui tient son nom de la couleur de son plumage, ressemblant à celle d'une carotte de tabac ou petun.

🖝 **Le registre floral** avec sa présence parfumée, sans compter qu'il s'agit, aussi *d'effeuiller la marguerite*, *de conter fleurettes* et d'être, distance oblige, *fleur bleue*.

Mon myosotis (du grec « oreille de souris »), de circonstance si l'être aimé a les yeux bleus. Il veut dire aussi : « Ne m'oubliez pas ! » (en allemand, « *Vergissmeinnicht* » et en anglais « *Forget-me-not* »).

🖝 **Le registre champêtre** : *Mon amadou*. En provençal, l'« amador », l'amoureux, c'est celui qui s'enflamme facilement, à l'instar de la mèche des briquets, autrefois confectionnée à partir d'un champignon du chêne, l'amadouvier.

Georges Brassens l'a mis en chanson :
« La fortune que je préfère,
C'est votre cœur d'amadou,
Tout le restant m'indiffère,
J'ai rendez-vous avec vous. »

Plus coquine et plus directe, cette chanson enfantine avec des paroles de Luc Bérimont :
« Ma culotte en amadou
Pour aller au mont Ventoux »
Jusqu'au *mont de Vénus* ?

🖝 **Le registre gustatif** : *ma gourmandise*, *ma pomme d'amour*, *mon chou*, *mon berlingot*, *ma petite pêche* (François Mitterrand à Catherine Langeais) et plus sophistiqué *mon pampre d'or*. « Tu voulais être pénétrée au plus profond, déchirée par ma violence, étreinte et pressée comme du pampre... Mon pampre d'or, mon raisin empoisonné » (D'Annunzio à Luisa Baccara)

● **Le registre spirituel** : *Mon ange, mon ange bleu* pour les amoureux de Marlene Dietrich à Jean Gabin, *mon âme* (Balzac à Mme Hanska).

● **Le registre artistique** : *Ma flûte enchantée* (Henriette Vogel à Kleist).

● **Le luxe hardi** : *Ma petite perle ronde comme ton derrière* (Guillaume Apollinaire à Lou), *mon bijou*, courant et tendancieux quand on sait que le « bijou cabochon » renvoie au sexe masculin.

● **Le registre médical** : *Mon amaurose*. Certes, on entend « amour », « rose », « ose ». Mais derrière ce joli mot se cache un trouble de la vue pouvant entraîner une cécité complète. L'amour est aveugle !

● **Le registre des météores** : *Mon arc-en-ciel*. Avec le chatoiement de ses couleurs, il est bien séduisant, mais son caractère éphémère devrait engager à la prudence. *Mon embellie* : le beau temps après la pluie. Mot bien adapté après une brouille passagère.

La passion

L'effet chaperon rouge

Un cliché le dit d'une manière explicite : *une passion dévorante*.

Le Petit Chaperon rouge est, à cet égard, évocateur. Le loup s'est laissé prendre au piège des mots jusqu'à dévorer la mignonne avec son petit capuchon et son petit panier. C'est bien ce que nos contemporains craignent dans la relation amoureuse : être bouffé(e). Aussi, la déclaration est-elle dangereuse, il s'agit de peser ses mots, d'avoir la prudence de France Gall dans la chanson *Déclaration d'amour* : « Juste deux ou trois mots d'amour pour te parler de nous, deux ou trois mots de tous les jours. C'est tout. » Attraper l'amour par les mots, certes mais sans fièvre.

Se sentir envahi(e) est un plaisir et, dans le même temps,
un danger. Ce qui est en jeu : l'indépendance, la liberté.

▰ « Je m'en aperçois trop, cette passion est devenue désormais
la grande affaire de ma vie. Tous les intérêts, toutes
les considérations ont pâli devant celle-là » (Stendhal à Mathilde,
7 juin 1819).

▰ Henri IV, déjà, faisait semblant de se prendre au jeu de
la dépendance volontaire : « Je m'en vais entretenir Morphée,
mais s'il me représente autre songe que vous, je fuirai à tout
jamais sa compagnie » (Lettre à Gabrielle d'Estrées, 1593).

Aimer ne se vit pas toujours sur le mode poétique. Si *être bleu(e)*
est un plaisir, *être accro*, *sous perfusion* est une douleur.

Le temps des amours

Inscrire au programme

Aujourd'hui, tout un chacun est – ou se veut – très occupé,
« *speed* », surbooké. Peut-on prendre le temps d'inscrire
quelqu'un de nouveau dans son programme ?

Dans une lettre datée de Noël 1912, l'écrivain allemand Franz
Hessel (1880-1941) propose à Helen Grund (elle mourra à 96
ans) de l'*inscrire dans son programme*. Elle lui répondra qu'elle
« n'a jamais de programme », mais qu'elle veut bien le voir plus
souvent. Ils se marieront fin mai 1913. Il est vrai que l'expression
engage moins que « faire partie de [sa] vie ». Cette légèreté de
ton est moins intimidante que de se lancer dans des déclarations
enflammées et des serments éternels.

Précisons que Franz Hessel et Helen Grund sont les parents
de Stéphane Hessel, le célèbre auteur d'*Indignez-vous !* (2010)
et les personnages du roman d'Henri-Pierre Roché, un amant
d'Helen Hessel. Ayant trouvé, par hasard, chez un bouquiniste,
en 1955, son roman *Jules et Jim*, François Truffaut le portera
à l'écran en 1962. Jeanne Moreau prêtera ses traits à Helen.

Vivre plus

Mon Tout

Être comblé : l'autre remplit la vie ; c'est pourquoi de nombreuses lettres commencent par *Mon Tout* (avec une majuscule).

☛ L'impression de n'avoir pas vécu jusqu'à ce jour de la rencontre : « Je vous jure que jamais, ni de nuit ni de jour, dans aucun temps, au milieu d'aucune affaire, votre image ne me quitte. [...] Comme chacune de vos paroles descend dans mon cœur, comme mon âme se remplit de vous ! » (Benjamin Constant à Juliette Récamier, janvier 1815).

☛ « Vous êtes tout le sexe pour moi, la seule femme qu'il y ait dans le monde, vous le remplissez à vous seule, comme la première femme pour le premier homme » (Balzac à Mme Hanska, 1833).

☛ « Depuis que je t'ai tout dit, depuis le moment surtout où mes yeux n'ont plus rencontré les tiens, il me semble qu'on m'a ouvert toutes les veines et que ma vie s'en va, sans que j'aie la volonté de la retenir » (Juliette Drouet à Victor Hugo, 5 août 1834).

☛ « En dépit de votre volonté, vous serez désormais mon talisman et ma force. [...] J'étais mort, vous m'avez fait renaître » (Charles Baudelaire à Marie X).

L'effet Boussole : en même temps, l'existence de l'autre donne une orientation à la vie. C'est ce que l'on pourrait appeler « l'Effet Boussole » ; l'autre est un point d'ancrage, l'amoureux ne se sent plus à vau-l'eau, il a trouvé une orientation à sa vie.

☛ « [...] il y aura une étoile fixe, toujours brillante, qui me servira de boussole, ce sera vous, mon aimable amie » (Balzac à Mme Hanska, 30 juillet 1822).

Sommaire

Crédit textes

p. 8   Michel-Ange, *Correspondance / Carteggio*, traduction Adelin Charles Fiorato, Les Belles Lettres.

p. 20   W.A. Mozart, *Correspondance complète*, édition de Geneviève Geffray © Flammarion.

p. 76   Traduction de Juliane Nivelt

p. 79   Paul Éluard, *Lettres à Gala*, 1924-1948, © Gallimard

p. 82   Jean Cocteau, *Lettres à Jean Marais*, Albin Michel, 1987

p. 85   Franz-Olivier Giesbert, *François Mitterrand – une vie*, Éd. du Seuil, Mai 1996 ; n.e. 2011 ; point Documents 1997.

p. 89   Javier Figuero et Marie-Hélène Carbonel, *Maria Casarès L'étrangère*, © Librairie Arthème Fayard

p. 94   Maria Rivan, *Marlene Dietrich par sa fille*, © Flammarion, 1997 pour la traduction française

p. 98   *Maria Callas, Lettere d'Amore*, Arnoldo Mondadori Eidtore S.p.A., 2008 Traduction française : Editions Robert Laffont, S.A.Paris, 2010

p. 102   *Moi pour toi*. Correspondance de Marcel Cerdan et d'Edith Piaf, Cherche Midi, 2002

p. 106   Simone de Beauvoir, *Lettres à Nelson Algren*, © Gallimard

p. 110   Jean-Paul Sartre, *Lettres au Castor et à quelques autres*, © Gallimard

p. 114   L. Raskin, T. Morgan, *James Dean: At Speed*, David Bull Publishing, 2005. Traduction de Juliane Nivelt pour la présente édition

p. 117   Tarita Teriipaia, *Marlon Brando, mon amour, ma déchirure*, XO Editions, Paris, 2005

Crédit iconographiques

p. 6   LEEMAGE/North Wind Pictures
p. 15   BIS/Ph. Coll. Archives Larbor
p. 18   BIS/Ph. Coll. Archives Nathan
p. 23   BIS/Ph. © Kunsthistorisches Museum, Vienne – Coll. Archives Larbor
p. 24   BIS/Ph. Hubert Josse © Coll. Archives Larbor
p. 35   BIS/Ph. Archives Larbor
p. 40   BIS/Ph.© Archives Larbor
p. 42   BIS/Ph. Jeanbor © Archives Larbor
p. 44   BIS/Ph. Coll. Archives Larbor
p. 47   BIS/Ph. Coll. Archives Nathan
p. 53   BIS/Ph. Coll. Archives Larbor
p. 57   LEEMAGE/Selva
p. 61   BIS/Ph. Jeanbor © Archives Larbor
p. 66   LEEMAGE/Costa
p. 67   AKG-images
p. 71   AKG-images/Science Photo Library
p. 75   BIS/Ph. Coll. Archives Larbor/DR
p. 80   LEEMAGE/Collection Sirot-Angel
p. 84   GAMMA RAPHO/Keystone-France
p. 93   LEEMAGE/Photo-Re-Pubblic
p. 97   LEEMAGE/United Archives
p. 101 LEEMAGE/United Archives
p. 109 BIS/Ph. H. Martinie – Coll. Archives Larbor
p. 112 Cosmos/Pierre Boulat
p. 114 AKG-images/Album/Warner Brothers.

Achevé d'imprimer en Espagne par Cayfosa
N° d'éditeur : 10211062
Dépôt légal : AVRIL 2015